LE RÉTABLISSEMENT

DU

POUVOIR TEMPOREL DU PAPE

PAR LE

PRINCE DE BISMARCK.

„Ambiguam tellure nova Salamina futuram.“
(Horace I. ode VII.)

2me EDITION.

PARIS.	BRUXELLES.
Librairie Etrangère H. Le Soudier	Librairie Européenne C. Muquardt
174 et 176, Boulevard Saint Germain.	45, Rue de la Régence.

1885.

e désir d'unir le droit à la puissance est profondément enraciné dans l'esprit humain. Le droit pur n'existe d'ailleurs qu'en théorie. Ce n'est qu'au point de vue abstrait qu'il y a un droit absolument dénué de pouvoir et un pouvoir entièrement privé de droit. Dans la réalité, chaque droit est pourvu d'une portion de pouvoir, et il n'existe pas de pouvoir qui n'aurait pas en lui un certain droit. Le droit est le côté idéal, le pouvoir est le côté réel de l'idée de droit, et celle-ci supprime, par son unité, la divergence qui peut exister entre les deux. Mais si l'idée de droit, qui est la synthèse des plus hautes aspirations morales, ne doit pas rester à l'état d'idéal, il est indispensable qu'elle soit réalisée par le pouvoir : il faut qu'elle soit tangible et qu'elle prenne un corps dans ce monde. L'histoire de la civilisation de l'humanité prouve bien que ce phénomène se produit en effet. C'est une chose merveilleuse que la vérité, même dans les cas où elle semble être sans défense.

En somme, le pouvoir n'est autre chose que la faculté de dominer la volonté des hommes, qui sont menés soit par la force, soit par le sentiment du bon droit. C'est pourquoi tout pouvoir qui fait universellement et d'une manière durable l'im-

1*

pression d'une injustice perd, peu à peu, ses adhérents et, finalement, toute influence. Il devient de l'impuissance.

L'histoire est le champ de bataille et le glorieux ossuaire d'une lutte qui dure depuis des milliers d'années et qui se renouvelle toujours: de la lutte entre le droit et le pouvoir et dont doit ressortir l'idée de droit. Cette lutte a donc pour objet la réalisation pratique du droit idéal. Sans doute, nous faisons journellement, dans la vie, la triste expérience que la vérité la plus pure et l'honnèteté la plus parfaite sont honteusement foulées aux pieds, souvent par la violence brutale et par l'ignorance de ceux-là même qui sont appelés à protéger le droit. Néanmoins, rien n'est plus propre que la justice qui se manifeste dans l'histoire à remplir, même les êtres les plus indécis et les plus découragés, d'un sentiment de profonde satisfaction. Chaque siècle nous fournit des preuves de cette justice, avec cette brillante éloquence individuelle qui rend l'esprit de l'histoire si sympathique et si attrayant. Ainsi, nous voyons souvent, en regardant en arrière, que le droit formel le plus inattaquable ne parvient pas à remporter la victoire, parce que la force, mais aussi le droit, dans le sens le plus élevé du mot, se trouvaient dans le camp opposé. D'autre part, nous voyons maintes fois la violation du droit écrit et juré l'emporter définitivement, parce que cette violation conduisait à la justice. Ces derniers temps offrent plus d'un exemple de semblables phénomènes.

Ainsi, il ne saurait être mis en doute que, le comte de Chambord étant mort sans enfants, la ligne des d'Orléans et le comte de Paris peuvent prétendre à la succession légitime du trône de France. Et pourtant, ce droit suprême a bien peu de chances de l'emporter, car la République a le gouvernement et les pouvoirs publics entre les mains. Il a fallu que les rois de France accumulent, depuis des siècles, des fautes bien graves; il a fallu que leur influence sur la volonté de la nation diminue constamment, pour que même les plus grandes erreurs de l'Empire et de la République aient cependant représenté une idée de droit et de justice plus élevée que les rêves surannés d'un Chambord et de ses successeurs. Individuellement, le duc de Bordeaux était un parfait gentilhomme, un causeur spirituel, un sportsman distingué, mais ce n'était pas un roi. Il a été impuissant à faire peser, dans la balance des destinées de son pays, une volonté éthique supérieure à celle que lui opposait la moyenne de ces adversaires.

Lorsque, en 1866, le gouvernement prussien, ayant déclaré la guerre à l'Autriche, fixa et encaissa le budget de la guerre, sans avoir, au préalable, comme l'exigeait la loi, demandé l'autorisation de la Chambre des Députés, ce gouvernement se rendit coupable, avec connaissance de cause, d'une violation de la Constitution. Dans le conflit résultant de la mise en présence de devoirs opposés, le roi se décida pour l'emploi de la force. Les contemporains n'ont pas oublié le mot, qui date de cette époque, de » la force primant le droit, « ils se rappellent, également, qu'après cette campagne, dont les armes prussiennes sortirent victorieuses, le gouvernement exigea et obtint un bill d'indemnité pour la violation de la Constitution. Il est incontestable qu'en principe le droit prime toujours la force, mais dans ce cas spécial, la force avait le bon droit pour elle, bien qu'elle fût opposée au droit formel, lequel a eu le dessous et a même été amené à concourir ultérieurement à un état de choses créé malgré lui. Dans ces circonstances, la force a donc, en apparence, primé le droit, mais dès l'origine, le droit véritable se trouvait, en réalité, du côté de la force. S'il n'en avait pas été ainsi, la violation du droit aurait fait perdre au pouvoir une grande partie de l'influence qu'il exerçait sur la volonté des sujets, et c'est précisément le contraire qui a eu lieu.

C'est au succès durable, persistant, que l'on reconnaisse, dans l'histoire, de quel côté se trouvait, dans la lutte du droit contre la force, la véritable justice. L'histoire universelle n'est, en effet, que la réalisation du droit impartial; non pas la réalisation d'un droit parfait ou idéal, possible seulement en théorie, mais celle du droit possible, tel qu'il ressort de la lutte entre mille droits divers, tel qu'il résulte de la force des choses. Si, comme le disent les théologiens, l'histoire universelle peut être considérée comme une manifestation divine, il est certain que le meilleur des mondes se transforme continuellement. Chaque application de la force, dans le but de réprimer le droit objectif, ravit à la force une partie de sa vigueur et la transmet au bon droit, foulé aux pieds. Par contre, chaque déploiement de forces en faveur du droit objectif, lors même qu'il aurait lieu au détriment du droit subjectif et formel, rehausse l'influence de la force. Ce n'est qu'en théorie que chaque droit, si petit soit-il, reste toujours un droit et existe éternellement. Dans la pratique, il n'en est plus ainsi, et le conflit éclate entre les unités, plus ou moins élevées, du droit avec la force.

Il est des droits parfaitement légitimes, en principe, et qui, si les circonstances se modifiaient, seraient accompagnés de la force extérieure. Mais ils restent à l'état latent, privés de la force qu'il leur faudrait pour s'imposer, et cela uniquement parce que, comparés à d'autres droits d'une nature plus élevée, ils demeurent en arrière et nous paraissent mal fondés. A la suite d'une modification des circonstances et de la situation, ces droits, restés justes en principe, peuvent obtenir le concours de la force extérieure. Alors, la force, chose réelle, vient se joindre au droit, chose idéale, et l'unité de l'idée de droit est réalisée.

*   *   *

Nous voyons, dans l'histoire des papes, au 11e et au 12e siècle, et dans celle de la Réformation et de Martin Luther, des exemples éclatants d'hommes devenus plus puissants que les plus grands rois et les plus grands empereurs de leur époque, par la seule force de l'idée de droit qu'ils représentaient. Ces hommes n'avaient aucune force matérielle à leur disposition.

L'idée que Grégoire VII s'était faite de la Papauté, avait un côté politique et un côté religieux. D'après le plan de Grégoire, le Pape devait être considéré comme le représentant de Dieu, dont émanent non-seulement les autorités ecclésiastiques, mais aussi les pouvoirs publics. C'est là l'idée d'une théocratie embrassant toutes choses, et à la tête de laquelle se trouve le Pape. Cette monarchie universelle et papale, telle qu'elle a existé de fait, durant les 12e et 13e siècles, est peut-être la réalisation la plus grandiose d'une idée devenue historique; elle est, en même temps, la preuve irréfutable de la force du droit dans l'histoire universelle. La puissance de l'Eglise devait éclairer comme un soleil la puissance temporelle, et réprimer la tyrannie des princes de cette époque, car les rois eux-mêmes relèvent comme Chrétiens du pouvoir de l'Eglise; car, eux aussi sont des brebis du Seigneur, confiées aux soins de Saint Pierre. *

---

* Hergenrœther. „Manuel de l'Histoire universelle de l'Eglise", 1. Page 758. 1879.

Pie IX estimait qu'il en était ainsi, et il l'a déclaré à l'empereur Guillaume I. Et il était dans le vrai, au point de vue purement catholique, car les principes du catholicisme sont immuables ; on peut dire d'eux : » sint ut sunt aut non sint. « — L'idée du catholicisme est complète dans l'universalité de l'Eglise avec un Pape infaillible à sa tête. Cet idéal a été réalisé au 12ᵉ et au 13ᵉ siècle, parce qu'alors il était l'expression la plus parfaite de l'idée chrétienne. C'est pourquoi le droit et la force étaient de son côté.

Le moyen-âge a atteint l'apogée de son développement — il ne faut pas séparer ce dernier du développement catholique — sous le pontificat d'Innocent III. A partir de ce moment, le moyen-âge décline et dégénère. L'enthousiasme disparaît et est remplacé par la lassitude et la paresse ; les institutions grandioses se corrompent, et de nouvelles luttes acharnées contre le pouvoir, devenu plus puissant, et contre le scepticisme préparent peu à peu une transformation complète de l'état de choses, transformation qui enterrera le moyen-âge, comme celui-ci a enterré l'antiquité païenne. Il faut conclure de là que le principe du catholicisme n'est plus réalisé et ne peut plus l'être, en Europe, dans toute sa pureté et jusque dans ses dernières conséquences. Il ne peut l'être que dans une théocratie universelle. La société moderne ne peut chercher qu'un modus vivendi avec l'Eglise catholique et son principe suprême, mais elle ne peut pas contester au Pape le droit de son principe religieux. Sans doute, ce droit est devenu droit latent, en présence des prétentions de la plupart des Etats européens, mais il est hors de doute qu'il peut de nouveau être pourvu de la force extérieure, si des événements semblables à ceux qui caractérisent l'époque de Charlemagne à Innocent III se produisent dans un groupe d'Etats. Et pourquoi un état de choses qui a existé dans le moyen-âge allemand ne se renouvellerait-il pas sur un autre point et au sein d'autres peuples ?

La prépondérance intellectuelle des Papes a été la raison de l'établissement de leur pouvoir temporel, car les gouvernements politiques avaient intérêt à gagner à leurs intérêts cette grande puissance intellectuelle et ecclésiastique.

Depuis mille ans, la souveraineté temporelle des Papes a été attaquée, diminuée, supprimée, puis rétablie, encore abolie, puis encore rétablie. Jusqu'à ce jour, il s'est cependant constamment trouvé un bras pour défendre l'héritage du successeur de St.-Pierre, dépouillé de tout pouvoir extérieur. Cela prouve que, de longtemps encore, il ne faudra pas considérer le catholicisme comme ayant fait son temps. Lors même qu'il serait démontré que les raisons qui appuyaient, jusqu'à présent, auprès d'un grand nombre d'Etats européens, le pouvoir temporel du Pape se sont considérablement affaiblies, dans le cours des siècles, il resterait encore à voir s'il n'y a pas, dans d'autres Etats, les éléments nécessaires à un nouveau développement de la doctrine catholique. En répondant à cette question on résoudrait, simultanément, le problème qui se pose ainsi. Le pouvoir temporel du Pape sera-t-il rétabli ou transformé ?

Des preuves, puisées dans l'histoire, démontreront, que le pouvoir temporel des Papes est fondé sur le principe suprême de l'Eglise catholique, et que ce pouvoir n'a été contesté par personne, lorsque ce principe avait atteint, au Moyen-Age, son plus haut degré de développement. L'histoire prouve également que les causes qui ont diminué peu à peu la théocratie de l'Eglise catholique ont miné, en même temps, les appuis du pouvoir temporel, qu'elles ont fait tomber, les uns après les autres. Ce sont là des faits historiques et incontestables. Mais les adversaires de l'Eglise catholique se trompent, quand ils en concluent que le Pape n'a et n'eût jamais aucun droit à un pouvoir temporel, car lors même qu'il perdrait effectivement ce pouvoir, il continuerait à y avoir droit aussi longtemps que le principe de la chrétienté catholique n'aurait pas disparu de ce monde.

I.

L'ancienne Rome a eu besoin de plus de sept siècles, pour faire adopter au monde la forme gouvernementale impériale. Durant trois siècles et demi, l'empire est resté au faîte de sa puissance. Sa décadence a commencé sous le règne de l'empereur Commode, et sous celui des descendants de ce prince elle s'est accentuée de plus en plus. Mais il fallait des siècles pour démolir l'édifice que des siècles avaient élevé. Pour se rendre compte du déploiement de forces et de la persévérance qu'il a fallu employer pour détruire l'empire romain dans l'Occident, on n'a qu'à jeter un regard rapide sur l'histoire de la migration des peuples et sur ce fait que, même après une longue série non interrompue de victoires éclatantes, les peuples du Nord avaient encore un si profond respect pour le colosse abattu qu'ils crurent devoir adopter la civilisation qu'ils trouvèrent à Rome, et qu'alors seulement ils espérèrent assurer leur propre avenir. On ne saurait répéter assez souvent que les Germains, eux aussi, ne se sont pas précipités sur Rome avec une aveugle fureur et dans le but de détruire et de saccager: loin de là, ils apportèrent de leurs montagnes et de leurs forêts un cœur accessible à la haute civilisation dont l'humanité était redevable aux peuples civilisateurs de l'antiquité, et qui, en dernier lieu, avait été cultivée dans l'empire romain. Mais il eût fallu un intermédiaire, pour marier les éléments de la civilisation romaine à la vigueur des jeunes nations, et cet intermédiaire manquait.

Cent ans après la chute de l'empire latin, l'Angleterre s'était divisée en sept royaumes indépendants. La France comptait presque autant de princes indépendants qu'elle avait de grands Seigneurs ecclésiastiques et laïques. Les Visigoths d'Espagne étaient dans une situation analogue. Les Vandales et les Ostrogoths succombèrent sous les coups de l'empereur romain, et les Lombards répartirent leur royaume entre trente-six ducs. Partout on constate le manque de solidarité, partout on voit les individus défendant avec âpreté leurs prétentions personnelles, partout on remarque l'éparpillement des forces. Le torrent mugissant du mahométisme se déchaîna et submergea l'Espagne presqu'au delà des Pyrénées. Les Frisons, les Saxons et les Thuringiens, venant du Nord, opposèrent l'élément païen et allemand, pur de tout alliage, à l'élément chrétien et romain. Sur ces entrefaites, les Slaves et les Avares avaient pris possession dans le Nord et dans l'Est des territoires abandonnés par les Allemands. Ces derniers se virent assaillis par les Venèdes, depuis l'Elbe jusqu'à l'Oder ; sur la Saale par les Sorabes ; en Bohême par les Tchèques ; depuis la mer Adriatique jusqu'à la mer Noire, par les Croates, les Serbes et les Bulgares. Etait-il possible que les Etats germaniques, divisés entre eux et se combattant souvent les uns les autres, tinssent tête à tous ces adversaires et fussent capables de remplir leur mission nationale ? — Plus nous avançons dans le sixième et septième siècle, plus le spectacle qui s'offre à nos regards est désolé, plus les mœurs deviennent féroces, plus l'impuissance augmente, plus l'éparpillement des forces s'accentue. Nulle part on ne retrouve la moindre trace de l'état florissant qui avait été l'apanage de ces pays, alors qu'ils se trouvaient encore sous le sceptre impérial romain. On serait tenté de croire, en vérité, que le despotisme, vaincu, voulait se venger de la liberté naissante, et que l'humanité, inconsciente, s'était précipitée de hauteurs vertigineuses dans le plus profond des abîmes. *

Mais au moment précis où le danger avait pris les proportions les plus menaçantes, on vit surgir la race héroïque des Carlovingiens francs. De toutes les races allemandes, celle des Francs était, en effet, la plus apte à servir d'intermédiaire et à opérer la transition entre l'antiquité et la nouvelle ère chrétienne. Aujourd'hui encore, après plus de mille ans, les Occidentaux sont désignés sous le nom de **Francs** à Constantinople, où subsistent encore les vestiges des anciens temps.

*   *   *

L'époque de la lente décadence de l'empire romain a aussi été celle de la formation, très-lente également, mais non interrompue, d'une autre puissance, laquelle, construisant son édifice pierre par pierre, devait élever le dôme éternel de la Chrétienté.

A ses débuts, la puissance politique de la papauté a été plus petite, plus insignifiante encore que ne l'avait été, au commencement, l'ancienne Rome. Mais dès le neuvième siècle elle acquit une importance presque égale à celle de l'empire romain

---

* Voyez l'ouvrage de Giesebrecht, „Geschichte der deutschen Kaiserzeit" I. 93, et l'excellent ouvrage de Niehues, „Kaiserthum und Papstthum", Münster, 1863. III. Page 547.

oriental. De même que Rome faisait remonter son origine aux jumeaux Romulus et Rémus, voire même aux dieux de l'Olympe grec, de même la Papauté s'empressa de jeter sur son berceau politique le voile de l'imagination. La fausse donation de Constantin ne préoccupera plus un seul historien, bien que les commencements des Etats pontificaux remontent réellement à cette date-là. En effet, plus Rome était abandonnée à elle-même par l'empire romain d'orient, plus la ville éternelle prit un caractère religieux. Plus la haute noblesse s'amalgame, dans la suite, avec l'Eglise, le clergé et la papauté, plus les innombrables et immenses domaines, propriétés des riches familles romaines, passent, par donations, legs et héritages, entre les mains de l'Eglise.

Les familles s'éteignirent, mais l'Eglise, d'ordinaire le dernier refuge des mourants, ne s'éteignit pas, elle, et ne se défit plus d'aucun des biens qui lui étaient échus en partage. On donna aux biens héréditaires de l'Eglise romaine le nom de patrimoine de Saint-Pierre. Le Pape en dirigeait l'administration comme il l'entendait, n'ayant de comptes à rendre à qui que ce fût. Ces domaines s'étendaient sur toutes les provinces de l'Italie, depuis la Calabre jusqu'aux Alpes, sur la Gaule, la Corse, la Sardaigne, la Sicile et l'Afrique. * Ces propriétés mirent les Papes en mesure d'agir efficacement partout où l'on voulait avoir recours à eux, et d'exercer une influence considérable, tant au point de vue administratif qu'au point de vue politique, car » *les abus de l'administration laïque, que l'on cherchait en vain à réprimer en condamnant les fonctionnaires infidèles à la bastonnade, à des amendes, à l'exil et à la peine de mort, rehaussaient encore la considération qui entourait le clergé,*

---

* B. Niehues. Page 489. — Joan Diaconus 2. Page 53.

plus indépendant que les fonctionnaires dans ses rapports avec les autorités, et plus digne au point de vue de sa conduite et de ses mœurs. Finalement, le despotisme aux abois, acculé dans ses derniers retranchements, perdu par son déplorable système de gouvernement, se vit forcé de se jeter entièrement dans les bras du clergé. « *

Le pape Grégoire (590—604) était parfaitement fondé à écrire aux patriarches de l'Orient:

» Ici, les évêques sont tellement absorbés par des affaires » extérieures, qu'ils remplissent tout autant les fonctions de » princes laïques que celles de pasteurs. « ** Si l'on prend tout cela en considération: la haute situation ecclésiastique, les revenus du patrimoine, la participation de la papauté à l'administration des villes et des provinces, son attitude indépendante vis-à-vis de l'empereur romain d'Orient, des Lombards et des Dynastes italiens; puis le détachement graduel de l'Italie, en ce qui concernait les intérêts de l'empire byzantin; et enfin ce fait que les Papes se montraient toujours les représentants et les champions des intérêts nationaux, on trouvera compréhensible que la Papauté soit devenue, peu à peu, une véritable puissance populaire, tandis que le » dux « impérial de Rome et l'exarque de Ravenne, considérés comme les serviteurs importuns d'un maître étranger, étaient relégués à l'arrière-plan. Cette situation se manifestait surtout lorsque le Pape avait des démêlés avec des souverains étrangers. Même lorsque l'empereur de Byzance fit la guerre au souverain pontife, la population indigène prit fait et cause comme un seul homme pour le Pape, lequel ne se décida à appeler l'étranger à son aide que lorsque les Lombards

---

* Hegel, I. Pages 142 et 143.

** „ . . . Ut saepe incertum fiat, utrum pastoris officium, aut terreni proceris agat." Epist. I. 25. Hegel 159.

vinrent en force et sans rencontrer d'obstacle du dehors, menacer l'Eglise et la personne du Pape. Cela se passait en 753. Le roi des Francs, Pepin, se rendit immédiatement à l'appel du Pape, repoussa les Lombards, et remit au souverain Pontife les territoires arrachés aux Lombards, au lieu de rendre ces terres à l'empereur romain. C'est ainsi que fut fondé l'Etat pontifical.

*　　*　　*

Si, de nos jours, une alliance entre des Etats puissants est un signe de leur force, il est hors de doute qu'à l'époque dont nous parlons, on devait considérer comme un acte de la plus haute sagesse politique une alliance avec la grande puissance religieuse et intellectuelle de l'Eglise. En venant au secours du Pape contre les Lombards et en fondant les Etats pontificaux, Pepin ne fit pas un acte de courtoisie ou de générosité, mais bien un acte de haute sagesse et de nécessité politique.

En effet, l'Eglise devait aider à christianiser l'Allemagne et à soumettre cette dernière à la croyance et à la civilisation romaine. En d'autres termes, il s'agissait d'annexer l'Allemagne au royaume dont Pepin devait la couronne au Pape.

L'Eglise joua le rôle d'intermédiaire dans la création de l'empire universel de Charlemagne, que l'unité de l'idée chrétienne fit sortir de l'éparpillement et du chaos.

Charlemagne et ses Francs eussent, sans doute, pu tenir tête, sans avoir besoin de rechercher une alliance, à la force politique du peuple saxon, mais ils ne purent vaincre la résistance religieuse que par ses armes de l'Eglise. Partout où le christianisme sonnait les cloches, les satrapes de l'Eglise se levaient prêts au combat, méprisant la mort, indomptables.

Mourir en martyrs pour la cause qu'ils défendaient, telle était la récompense ardemment désirée par eux, pour le labeur incessant de cette propagande infatigable. Le sang des apôtres de la foi coula par torrents, et plus on en versa, plus les rangs des propagateurs de la croyance chrétienne grossissaient. Il n'y avait pas de retraites ni de défaillances. Les défenseurs de l'Eglise ne connaissaient que la victoire ou la mort. Tenant d'une main la torche d'un enthousiasme fanatique, et de l'autre l'étendard lumineux de la nouvelle croyance, ils conquirent au Christianisme le monde occidental et assurèrent à celui qu'ils considéraient comme le successeur du fils de Dieu une influence telle que jamais, ni avant ni après, aucun souverain séculier n'en a exercé sur les peuples de semblable.

Chaque fois que Charlemagne offrit la paix aux vaincus et qu'il traita avec eux, il exigeait d'eux, comme premières conditions, qu'ils tolérassent la présence de missionnaires chrétiens, qu'ils reçussent le baptème et qu'ils construisissent des écoles et des églises: » Nous ordonnons en première ligne et avant toute chose, que les églises du Christ, élevées en Saxe et consacrées à Dieu, loin d'être moins honorées que ne l'étaient les temples païens, soient, au contraire, l'objet d'une plus grande vénération. « — » Quiconque se réfugiera dans une église aura la vie sauve et il ne lui sera fait aucun mal. « — » Quiconque n'observe pas le jeûne de quarante jours ou mange de la viande les jours de carême, par mépris de la religion chrétienne, mérite la mort. « — » Quiconque, aveuglé par le démon, fait un sacrifice humain ou brûle une prétendue sorcière, mourra. « — » Si un coupable se réfugie chez un prêtre, se confesse et fait pénitence, il sera gracié, sur le témoignage du prêtre. «[*] —

Les évêques et les prêtres étaient considérés comme faisant partie de la classe la plus élevée des fonctionnaires de l'Etat; les lois de l'Eglise étaient, en même temps, des lois séculières; les synodes étaient composés d'autant de prêtres que de membres laïques et s'occupaient, avec un soin égal, de questions religieuses et d'affaires séculières. Depuis la destruction de Jérusalem, le royaume des Francs était le premier Etat établi aussi exclusivement sur les principes théocratiques. Ce fut alors que prit naissance la fameuse doctrine des deux glaives: le glaive de l'Eglise et le glaive séculier. Selon cette doctrine, qui jeta rapidement de profondes racines, un seul chef séculier devait régner sur les peuples, de même qu'un évêque des évêques régnait sur l'Eglise, et éclipser les rois et les ducs. C'était le catholicisme de l'Eglise appliqué aux Etats — l'idée impériale moderne.

*　　*　　*

La Papauté romaine offrait, par son alliance, deux cadeaux au monde: la civilisation de l'ancienne Rome et la doctrine chrétienne. L'empire romain n'avait pas été capable d'absorber l'esprit du Christianisme et de le séculariser, c'est à dire de le faire passer dans la réalité pratique de l'Etat. L'empire byzantin, sénile et usé, était tout aussi incapable de se marier aux forces juvéniles de l'Evangile: la fleur merveilleuse du Christianisme devait s'épanouir et porter des fruits sur un sol entièrement nouveau, sur un terrain vierge. Ce terrain fut l'empire franc avec le chaos de ses nationalités et de ses peuples. L'Eglise chrétienne, appelée avec raison universelle (catholique), opéra le fusionnement des divers peuples du Nord, qui devinrent un tout compact, solidement amalgamé. Les deux alliés, l'Eglise et l'Empire universels, étaient nécessairement solidaires l'un de l'autre. L'Empire possédait, il est vrai, un pouvoir central extérieur, et une certaine cohésion, d'ailleurs très-imparfaite, mais sans l'esprit du Christianisme, le vaste Empire aurait manqué de l'unité qui a fini par relier entre eux, intérieurement et in_ tellectuellement, tous les éléments hétérogènes qui le composaient.

L'empire romain avait prétendu être la domination du peuple romain sur les nations de la terre qu'il opprimait et qu'il privait de leur liberté. L'empire universel de Charlemagne était tout autre chose que le renouvellement de l'empire d'occident. Avec l'esprit du Christianisme, l'esprit de la liberté s'était éveillé chez les nations pour la première fois. L'Etat fédératif du grand Carlovingien ne voulait pas de peuples réduits à l'esclavage. Les rois et les princes qui lui obéissaient avaient conservé, dans les limites de leurs Etats, la plus grande liberté d'action.

Les étendards de Charlemagne ont été suivis par des nations et par des peuples absolument étrangers les uns aux autres. Depuis Bénévent jusqu'au Danemark, depuis les frontières de l'Espagne jusqu'au Nord de la Bavière, depuis l'Océan Atlantique jusqu'au cœur des plaines de la Hongrie, on obéissait aux ordres de ce prince. Les Espagnols, les Anglais, les Francs, les Frisons, les Saxons, les Venèdes, les Bavarois, les Tchèques, les Avares, les Lombards et les Romains se réunirent sous son sceptre. La situation et les droits de ces peuples différaient autant que leurs pays et leur caractère national. En Espagne, Charlemagne avait pris la place des califes. En Bavière, il n'avait pas d'autres droits que ceux des anciens ducs de ce pays. Il avait vaincu à plusieurs reprises les Saxons sur les champs de bataille et il les avait privés de leur cohésion politique; quant à l'Etat des Lombards, il subsista avec ses anciennes institutions et toutes ses particularités, et il n'y eut de changé, dans ce pays, que le nom de la dynastie régnante. Tous ces peuples n'étaient reliés entre eux que d'un seul côté: tous, ils étaient réunis sous les colonnes du Christianisme. De même que la silhouette gigantesque de Charlemagne, le protecteur de la chrétienté, le roi des rois, s'élevait au-dessus de tous les rois et ducs ·de l'Empire; de même, la croix du Seigneur était visible de tous les points de l'immense Empire et projetait sa lumière rayonnante sur le représentant du Christ, sur le Pape. Charlemagne devait à son alliance avec le Pape le droit moral à une situation extérieure exceptionnelle. Et il le savait fort bien.

» Ma mission « écrit-il au chef de l'Eglise, » est de défendre, les armes à la main, avec l'aide de l'amour divin, la sainte Eglise du Christ contre les assauts des païens et des infidèles, et de protéger cette sainte Eglise, à l'extérieur aussi bien qu'à l'intérieur, en maintenant la doctrine catholique; quant à Vous, très-saint Père, Votre tâche est de prier Dieu pour nos armes en étendant, comme Moïse, vos bras vers lui, afin que le peuple chrétien soit victorieux toujours et partout sur les ennemis du Christianisme, et que le nom de Notre-Seigneur Jésus-Christ soit glorifié dans le monde entier. «

Le titre de roi répondait mal à cette situation unique d'un prince régnant sur des peuples si divers et ayant des droits si différents. Chaque peuple se représentait une personne différente, sous ce nom de roi; cela dépendait du passé de ces peuples et de leur situation vis-à-vis du souverain. Il fallait donc créer une dignité, en rapport avec l'idée de droit chrétienne, représentée par Charlemagne. Cette dignité, qui avait pris sa source dans le principe d'unité; qui n'était pas sortie du peuple, comme la dignité royale chez les Germains; qui, au contraire, planant bien haut au-dessus des changements de manière de voir et des modifications amenés par le temps, avait ses racines dans l'idée divine, dans l'alliance du droit de la vérité et de la puissance de la réalité, elle puisait la force de sa réalisation politique dans l'alliance avec le représentant de cette vérité éternelle; et bien qu'elle portât, alors encore, et cela de plein droit, un nom romain, cette dignité n'était pas autre chose que le commencement de » l'Empire par la grâce de Dieu « des temps modernes. Or, il est curieux de constater qu'aujourd'hui encore, » l'Empire par la grâce de Dieu « considère la réalisation du » Christianisme pratique « comme une de ses tâches les plus importantes. — Cette situation date de la fête de Noël de l'an 800; ce jour-là, Léon III prit la couronne, qui se trouvait sur l'autel, la plaça sur la tête du roi des Francs, et prononça à haute voix, les paroles suivantes :

» Carolo Augusto a deo coronato magno et pacifico imperatori Romanorum vita et victoria. « *

*   *   *

Sans le secours de l'Eglise, l'empire universel de Charlemagne n'aurait jamais pu se constituer. Les siècles suivants l'ont bien prouvé.

Le moyen-âge tout entier est dominé par des idées théocratiques. Le sentiment qui poussa les peuples à se réunir pour défendre le Christianisme, a été plus fort que les forces dont disposaient les autorités et les Etats, et a refoulé à l'arrière-plan toutes les considérations nationales et politiques. Ce n'est

---

* Epist. Car. ap. Migne 98 p. 908. Gregorovius 1. 1. 2, 505. Niehues a. e. l.

qu'ainsi que l'on peut expliquer l'étrange phénomène des croisades. L'Etat disparaissait devant la toute-puissance de l'Eglise. Avant d'être citoyen, on était Chrétien, soldat de Dieu. Chaque fois qu'un conflit éclatait entre l'Etat et l'Eglise, celui-là succombait, parce que les masses lui refusaient leur appui. D'ailleurs l'Etat de Charlemagne n'était que le commencement, et un commencement tout extérieur, de la réalisation politique du Christianisme. Le principe d'unité de la nouvelle doctrine avait, il est vrai, été réalisé politiquement, en ce sens que les divers Etats réunis sous le sceptre de Charlemagne formaient désormais un Empire; mais, abstraction faite de ce nivellement extérieur, l'Etat de Charlemagne ne puisait aucune nouvelle force dans la dénomination qu'il venait de recevoir. Le peuple considérait tous les fonctionnaires de l'Etat, depuis les plus haut placés (ordinairement des prêtres) jusqu'à l'humble curé de village, comme des mandataires du grand Etat chrétien, qui avait déjà derrière lui une gloire séculaire, et dont le représentant était le Pape. Les empereurs n'avaient pas de rapports directs avec les masses, et s'ils voulaient être en mesure de tenir tête à un ennemi puissant, il leur fallait rechercher l'appui des ducs et celui du haut clergé de leurs pays. S'ils n'avaient pas recruté des mercenaires, et s'ils avaient négligé d'acheter à prix d'or l'appui des grands vassaux et des évêques, ils ne seraient jamais parvenus à faire triompher leur volonté. Mais ils n'avaient aucune influence sur le cœur ni sur l'esprit du peuple, et dès que les mercenaires s'étaient éloignés, la considération du prince, basée uniquement sur la force brutale, disparaissait complètement. Dans la lutte des princes séculiers avec le Pape, il arrive régulièrement que les princes, malgré la supériorité numérique de leurs troupes, n'ont jamais remporté un avantage (très-passager, d'ailleurs,) que lorsqu'ils étaient parvenus à gagner à leur cause (soit par la violence, par l'or ou par la reconnaissance) une partie du haut clergé.

Depuis Charlemagne jusqu'à Rodolphe de Habsbourg. les masses sont restées presque entièrement étrangères à l'idée politique et nationale. Elles jouent un rôle passif dans l'histoire de cette époque-là. Les grands, seuls, arrangent toutes choses entre eux, traitant les sujets, comme les pays eux-mêmes en propriétés que l'on peut léguer à des parents et à des amis, et dont on peut se servir pour payer de bons services. Un tableau attristant s'offre à nos regards. La trahison et le crime, la faiblesse et la tyrannie, la félonie et la violence, telles sont les armes dont se servaient alors les princes séculiers. Comparés au but poursuivi avec énergie et persévérance par l'Eglise chrétienne, les efforts des rois de cette époque-là semblent mesquins, grossiers, et surtout, impolitiques. Il n'y a pas jusqu'aux noms brillants des Othons et des Hohenstaufen qui ne doivent presque exclusivement leur gloire à des actes purement guerriers, ou à l'auréole que leur ont value les croisades. Les actes de véritable sagesse politique étaient si rares alors, parce que le sentiment des devoirs royaux et politiques n'était pas encore développé, et parce qu'alors les princes n'avaient conscience que d'un seul devoir: celui de propager et de protéger le Christianisme. On ne pouvait, d'ailleurs, guère exiger de l'empereur qu'il fût le protecteur de tous, car il n'était jamais à l'abri lui-même des attaques d'ennemis extérieurs et intérieurs.

Aussitôt après la mort du plus grand des Carlovingiens. ses fils se partagèrent l'Empire. Ce fut le commencement des guerres entre les grands, qui se disputèrent mutuellement leur proie. Ces faits se produisirent en Allemagne, en France et en

Italie. La division des rois eut pour conséquence de faire revivre l'ancienne puissance ducale, et cent ans après le traité de Verdun, l'idée impériale n'était déjà guère plus que le titre donné au plus puissant des vassaux. L'empereur dépendait des princes électeurs : il était un » primus inter pares. «

Même en France, la royauté n'a guère eu pour mission, jusqu'au 14e siècle, que de tenir tête aux grands indigènes et à leurs rébellions. Quant à l'Italie, elle était divisée en une multitude de petits Etats qui se combattaient les uns les autres.

Et quel était le trait principal de tous les efforts des princes et des seigneurs? Quel était le motif des divisions continuelles, des guerres entre les grands? S'agissait-il des intérêts du pays? Nullement. Il ne s'agissait jamais, dans tout cela, que d'intérêts particuliers.

Les peuples assistaient, indifférents, à ces luttes, dont le but ne les touchait pas. Ils gémissaient sous les horreurs, se renouvelant sans cesse, de la violence. Le pays était mis à feu et à sang, et l'on fit, en vain, les sacrifices les plus épouvantables, lesquels ne servirent qu'à satisfaire la rapacité de tyrans qui foulaient aux pieds les lois, le bon droit, les serments et les devoirs, pourvu qu'ils eussent le pouvoir de le faire impunément. Ce n'est que lorsqu'il s'est agi de défendre l'unité de l'empire chrétien contre les païens, ou bien aussi, lorsque des circonstances extérieures, généralement l'épuisement du peuple torturé, ont élevé le pouvoir de l'empereur au-dessus de la moyenne des forces de ses adversaires, que l'histoire d'alors nous montre, de loin en loin, un empereur doué de quelque énergie, battant les Hongrois, châtiant l'orgueil des vassaux, rétablissant l'ordre en Italie et portant la Croix à Jérusalem.

Mais ces hauts faits passent avec la rapidité de météores, et leur éclat fait bientôt place aux ténèbres. Rien n'est plus instructif sous ce rapport que le règne de Frédéric II, souverain tantôt résolu, tantôt dénué de toute énergie, qui, aujourd'hui, voulait régner en Allemagne, demain, voulait abandonner l'Allemagne à son fils, pour régner lui-même en Italie, et après-demain, voulait se faire couronner roi de Jérusalem. Ajoutons à cela les campagnes fantastiques en Italie, qui ont affaibli inutilement les forces de l'Allemagne. Et pourtant, les peuples poussèrent des cris d'allégresse, car un souverain faisant preuve de quelque énergie berçait les opprimés de l'espoir que les guerres continuelles entre vassaux allaient prendre fin.

La grande tyrannie est plus facile à supporter que la petite. On ne saurait nier que, sous quelques rapports, le onzième et le douzième siècle ont été les plus florissants de l'histoire de l'Empire. Des noms illustres d'empereurs, de rois, de chevaliers, de poëtes et d'artistes brillent d'un vif éclat, à l'époque des Hohenstaufen. On serait certainement blâmable de ne pas rendre justice à ces héros et de ne pas leur avoir quelque reconnaissance. Il est certain aussi que des hommes tels que l'empereur Frédéric II de Hohenstaufen ne sauraient être jugés à un point de vue mesquin. Cet homme, doué d'une intelligence supérieure, voyait certainement bien au-delà de l'horizon de son temps; nourri de la civilisation de l'Occident et de celle de l'Orient, il avait en quelque sorte la prescience de l'esprit de scepticisme et de science exacte que les siècles suivants devaient développer. Mais l'on doit avouer, d'autre part, que pour cela même Frédéric II n'a pas compris son époque et qu'il a été un mauvais homme d'Etat, comprenant mal ou à demi les nouvelles vérités. Cela explique son indécision, son obstination, son manque de noblesse et de **générosité**, indices du demi-savoir, de la présomption et de l'absence de tenue et de principes. Ce champion du progrès a eu à peu près le même sort que l'empereur d'Autriche Joseph II. Arrivés au terme de leur carrière, ces deux hommes ont assisté à l'effondrement de leur œuvre, établie sur des prémices à moitié fausses. C'est qu'un demi-savoir, même lorsqu'il s'élève au-dessus de la moyenne, est plus dangereux pour l'homme d'Etat que pour tout autre individu. Aux yeux de l'homme politique, une seule chose est morale : c'est celle qu'il est possible d'atteindre. Or, il a toujours été impossible, aussi bien sous Frédéric II de Hohenstaufen que sous Joseph II, et il est encore impossible, même aujourd'hui, de faire de la politique sans compter avec l'Eglise.

En se combattant mutuellement, les grands de la terre avaient déjà fait ce qu'il fallait pour diminuer la royauté aux yeux du peuple. La royauté elle-même a complété cette œuvre de destruction en provoquant l'Eglise et le Pape. En agissant ainsi, la royauté se perdit complètement aux yeux des masses, et offrit un appui inattendu aux vassaux infidèles.

*　　*　　*

Cette royauté sans programme s'était attaquée à une organisation qui avait imprimé au moyen-âge tout entier le signe indélébile de son esprit, de son abnégation héroïque, de sa moralité et de sa civilisation et, enfin, celui de sa décadence : cette organisation était la Papauté.

Abstraction faite des idées d'unité et de liberté du christianisme, idées que représentait le régime des Papes, ces derniers avaient encore un autre avantage sur les souverains de l'Allemagne, grossiers et à mœurs brutales et ne possédant guère d'autres qualités que celles de guerriers. Cet avantage, c'était l'influence de la vieille civilisation romaine, innée chez les grands, en Italie, et à côté de laquelle la science des Allemands, en fait d'Etat, de lois, d'administration et de bureaucratie, était presque nulle. Les idées chrétiennes de la liberté universelle, et les principes romains de la société civile, voilà les deux piliers sur lesquels repose tout l'édifice de la morale de notre Etat moderne. Les propagateurs des principes politiques romains étaient presque exclusivement les Papes, les légats romains, les évêques et les couvents. La civilisation latine pénétra, par mille canaux, dans l'esprit souple, naïf et affamé de culture de la population allemande; elle jetait un germe partout où elle passait, et elle atteignit bientôt, dans sa course non interrompue, les contrées les plus éloignées. La plus petite école latine, le couvent le plus humble devinrent toujours le centre d'une sphère déterminée. Ce travail d'incubation civilisatrice a duré des siècles, sans jamais subir d'interruption ni de ralentissement. Or les principaux représentants de cette civilisation étaient les Papes. Il est extrêmement curieux, mais nous ne pouvons nous livrer ici, à ce travail, qui nous mènerait trop loin, il est extrêmement curieux de parcourir les édits et les bulles des illustres représentants de la monarchie universelle des Papes, de Grégoire VII, Innocent III, Boniface VIII. Chez aucun prince séculier de cette époque-là on ne rencontre rien d'approchant, sous le rapport de la sagesse politique, de la justice et de la noblesse de sentiments. Il est vrai que ces documents trahissent un esprit autoritaire et ambitieux, mais cette ambition-là n'avait rien d'égoïste et ne connaissait pas d'autre but que l'intérêt général.

Le but des Hohenstaufen, de vaincre la puissance politique

de l'Eglise et de détruire la liberté des villes, n'aurait pu avoir quelque succès qu'à la condition que ces empereurs eussent voulu remplacer cette puissance par une forme gouvernementale plus parfaite, mettons par l'Etat tel qu'il existe aujourd'hui. Mais au lieu de cela, ces empereurs, dont l'orgueil, la civilisation incomplète, la présomption et le manque de sens moral ne connaissaient que le bon plaisir et la force brutale, voulaient élever, sur les ruines de la liberté, sans doute très-restreinte alors, la liberté illimitée, ce qui voulait dire l'arbitraire oriental du despote. Les champions de cette idée brutale, égoïste et fantaisiste vinrent se heurter à la Papauté qui poursuivait un but politique, alors réalisable, légitime, basé sur l'humanité du Christianisme, peu compliqué, but vers lequel les Papes n'ont pas cessé de tendre jusqu'à ce jour. La Papauté était un phare au millieu des vagues mugissantes du chaos et de l'arbitraire. La dignité et la sagesse de cette haute institution suffiraient, à elles seules, pour expliquer la toute-puissance politique dont jouissait alors la Papauté. Il faut ajouter que celle-ci était passablement dégagée des intérêts purement personnels et matériels des princes séculiers, et que, à peu d'exceptions près, la tiare passait au plus capable et au plus considéré des princes de l'Eglise. Deux circonstances contribuaient surtout à réunir dans la personne du Pape la plus haute sagesse religieuse et politique. C'étaient sa situation de souverain dans les Etats pontificaux, situation qui mettait le successeur de Saint-Pierre à l'abri de l'influence des princes laïques, toujours en querelle les uns avec les autres, et qui faisait du Pape l'égal de ces princes; puis la réforme introduite par Grégoire VII et stipulant que l'élection d'un Pape ne pouvait avoir lieu que par des ecclésiastiques, savoir par le collége des cardinaux.

Qu'y a-t-il donc de si étonnant à ce que les représentants d'une telle civilisation se soient placés, peu à peu, à la tête de la famille des peuples de l'Europe? N'est-il pas très-compréhensible, au contraire, que la confiance des peuples ait appelé à cette haute situation des hommes qui, du moins jusqu'à une certaine époque, n'ont jamais songé ni à s'enrichir, ni à faire des conquêtes?* Revêtus de la dignité de juges suprêmes, respectés comme les protecteurs du bon droit, les Papes sont parvenus, presque sans employer eux-mêmes la force, à jouer le rôle d'arbitres dans les différends entre les souverains et leurs sujets; ils ont su apaiser les haines nationales des peuples, limiter les intérêts particuliers, tenir tête à la rébellion des sujets et à la tyrannie des princes, diriger de grandes entreprises et réaliser d'une manière pratique l'esprit du Christianisme, et l'Etat, tout en se soumettant à la volonté suprême de l'Eglise, ne perdait rien de sa puissance. Malgré toutes les fautes et tous les abus dont ils se sont rendus coupables, les peuples occidentaux ont atteint, au moyen-âge, sous la tutelle de l'Eglise, un haut degré de prospérité; ils ont développé leur littérature nationale, et ils sont parvenus à se préserver du despotisme asiatique, de la corruption et de l'anarchie. Les Papes, en leur qualité de chefs de cette politique théocratique, l'ont emporté sur tous les principes et sur tous les intérêts opposés, parce que le droit supérieur était de leur côté.

Telle était la situation, presque sans exception, jusqu'au commencement du 14e siècle. Nous assistons aussi, aujour-

---

* „Herder, „Ideen zur Philosophie der Geschichte der Menschheit", page 517: „Sans la hiérarchie romaine, l'Europe serait probablement devenue la proie des despotes, le théâtre de dissensions éternelles, voire même un désert mongol."

Voyez aussi l'Histoire du Moyen-Age (Geschichte des Mittelalters) par Rueh.

d'hui, à ce spectacle d'un homme d'Etat éminent forçant, peu à peu, toutes les puissances de l'Europe à entrer dans ses vues, ou du moins à prendre ces dernières en considération. Aucune décision importante ne peut être prise dans la politique de notre continent, sans la volonté de cet homme d'Etat. Il ne faut attribuer ce phénomène, ni à une chance inouïe, ni au hasard, ni à des causes surnaturelles. Ce qui a lieu à présent est exactement ce qui s'est passé il y a sept siècles. Le but que poursuit cet homme d'Etat est un but absolument moral et répondant, mieux que tout autre, à la situation politique du monde actuel; il ne nécessite pas l'abus de la force mise à la disposition du vainqueur par le fait accompli; il est objectif dans le droit et, par conséquent, il doit toujours sortir victorieux de la lutte. Il faut aussi se représenter les Papes qui se sont succédé depuis l'époque de Charlemagne comme des hommes d'Etat qui défendaient le droit objectif de leur époque. C'est pourquoi leur opinion a toujours eu une influence décisive, chaque fois qu'il s'est agi de trancher une question politique importante. Dans la sphère de leur idéal politique limité, qui était la mise en tutelle de l'Etat par l'Eglise, et aussi longtemps que cet idéal a été à sa place, les Papes ont fait des actes politiques d'une sagesse qu'aucun autre homme d'Etat ne pourrait éclipser. Comparées à la vérité, à la justice, à la vigueur, à la moralité, à l'enthousiasme pathéthique qui caractérisent leurs édits, les réponses de leurs adversaires font l'effet de pamphlets laborieusement conçus, pleins de mensonges et de dissimulation.

» Dilexi justitiam et odi iniquitatem, « telles ont été les dernières paroles de Grégoire VII, et Boniface VIII, qui clôt la période la plus brillante de la Papauté et qui, se trouvant à la limite de deux époques, prend, comme le lui ordonne son devoir, la défense de l'ancien droit catholique chrétien contre les nouvelles revendications, dit à ses cardinaux :

» Et si tous les princes de la terre se coalisaient contre nous et contre l'Eglise romaine, nous ne nous occuperions pas plus d'eux que d'un fétu de paille, parce que nous avons la vérité pour nous. «

*　　*　　*

Plus un homme d'Etat représente complètement le droit objectif et la vérité, plus il se voit appuyé énergiquement par la force extérieure : en d'autres termes, la force des armées permanentes est du côté de droit. — Les Papes aussi ont eu leurs armées permanentes. — Ce qui, pour nous, est le résultat du service général et obligatoire, était, au moyen-âge, pour les arbitres de l'Europe, cette immense armée de fidèles, réunie sous les étendards de l'Eglise. L'excommunication et l'interdit n'ont été des armes si terribles, que parce que l'Eglise dominait les masses. *　Nous ne pouvons guère nous rendre

---

* Frédéric Hurter décrit de la manière suivante l'interdit de l'an 1200, en France : » Les évêques s'étant concertés durant sept jours, à Dijon, les cloches firent entendre, à minuit, le glas funèbre. Les prêtres entrèrent, en silence, dans la cathédrale, où ils entonnèrent pour la dernière fois le miserere. Un voile recouvrait l'image du Christ. Les reliques étaient cachées dans les cavaux, et le reste des osties avait été livré aux flammes. Le légat romain s'avança alors, revêtu d'une étole violette, et prononça l'interdit sur tout le territoire du roi de France. On se serait cru au jugement dernier. Des soupirs remplissaient la cathédrale, interrompus par les sanglots des femmes, des vieillards et des enfants. La cathédrale était naturellement bien plus élevée que les habitations des mortels, mais elle ressemblait, désormais, à un grand cadavre. Le prêtre ne devait plus y faire le sacrifice divin. Les chants et l'orgue s'étaient tus, et un silence de mort régnait dans la nef. On éteignit les cierges comme dans les cérémonies funèbres. On enleva toutes les images du Sauveur, et il ne resta plus que les monstres sculptés sur les gargouilles et sur les cor-

compte, aujourd'hui, de toute l'importance et de l'effet d'un interdit, mais il est un fait certain que, jusqu'au 14ᵉ siècle, aucun prince n'a pu résister longtemps à l'interdit, parce que le peuple finissait par se révolter contre lui.

Au moyen-âge tous les partis reconnaissaient la souveraineté universelle du Pape, ainsi que le droit du souverain pontife de mettre en interdit peuples, pays et individus. Ce droit n'a été attaqué par personne, en principe, il est seulement arrivé, dans quelques cas isolés, que l'on a contesté la justice de l'interdit, et qu'on a attribué ce dernier à un malentendu ou à une prévention. Les Gibelins eux-mêmes et le code des Saxons admettaient l'autorité suprême du Pape, dans les questions religieuses, réclamant pour l'empereur l'autorité suprême dans les questions temporelles; les Guelfes et le code des Souabes reconnaissaient l'autorité suprême du Pape, même en matière de politique, autorité que le Pape possédait réellement alors.

Il résulte de tout ce qui précède qu'une autorité aussi considérable que celle des Papes, depuis Grégoire VII jusqu'à Boniface VIII, n'eût jamais été reconnue par les princes les plus puissants, n'eût pas pu se maintenir durant des siècles, si elle n'avait eu sa base dans le droit objectif, si elle n'avait été réclamée par les besoins, par la situation, par les

niches, et dont les faces horribles et grimaçantes doivent rappeler aux mortels la laideur du péché. On n'entendit plus de cloche que lorsqu'un moine rendait l'âme dans un couvent. Les cérémonies nuptiales avaient lieu au cimetière, pour faire comprendre au jeune couple qu'il ne méritait pas de vivre. On refusait aux mourants la suprême consolation de l'Eglise, et aux morts la terre consacrée, voire même la sépulture. On n'enregistrait plus les morts, quels qu'ils fussent, et beaucoup de fonctionnaires de l'Etat refusaient d'écrire le nom du roi, ce dernier ne méritant pas d'être cité. Les rapports commerciaux avec des gens indignes de la communauté des chrétiens cessèrent peu à peu, et le pays marchait rapidement vers la banqueroute. «

principes de droit et de justice de la société européenne, si la nature des gouvernements d'alors ne l'avaient pas exigé et si le catholicisme, étroitement lié à la vie politique, n'avait pas formé partout le droit public d'après cette autorité.

Qui songerait à nier qu'un homme qui avait le pouvoir de délier les sujets des rois et des empereurs du serment de fidélité n'ait été, pour chaque souverain séculier, un allié politique précieux et recherché, bien que la puissance papale ne fût basée que sur l'influence religieuse exercée par le souverain Pontife. Du reste, les efforts des Papes ne tendaient nullement vers un pouvoir temporel: le but qu'ils voulaient atteindre était une monarchie universelle théocratique et chrétienne, dans laquelle ils eussent rempli les fonctions d'arbitres, fonctions qui ont effectivement été confiées aux Papes jusqu'à Boniface VIII. Il leur eût été très-facile de reculer les bornes de leurs propriétés, mais ils ne l'ont pas fait, car il ne s'agissait, pour eux, que d'avoir un terrain sur pour leur activité religieuse, et un Etat temporel d'une plus grande étendue eût gêné cette activité. En revanche, ils considéraient avec raison comme une question vitale le maintien de leur souveraineté dans les Etats pontificaux, laquelle leur était indispensable s'ils voulaient rester indépendants de tous les souverains séculiers qu'ils devaient dominer au point de vue religieux.

L'époque du règne de Philippe-le-Bel devait démontrer la nécessité de l'existence d'un pouvoir temporel des Papes. En effet, les Papes, à la suite de leur séjour d'Avignon, étaient livrés à l'influence de la cour de France, sans que ce pays ni aucun autre en tirât le moindre avantage. Les souverains chrétiens se sont, d'ailleurs, rendu compte de la nécessité dont nous parlons, et bien que, dans le cours de l'histoire, les Etats pontificaux aient été occupés et violés plus de cent fois par les adversaires séculiers du Pape, ce n'est que notre époque qui a osé tenter de réduire la souveraineté temporelle de l'Eglise à un minimum insignifiant. Si cela n'est pas, depuis longtemps, un fait accompli, c'est que l'influence du chef de l'Eglise catholique est restée assez considérable, pour que l'alliance du Pape semble toujours, malgré de nombreux inconvénients, désirable et utile à un souverain temporel, et pour que celui-ci se fasse le défenseur des biens terrestres du souverain Pontife.

II.

Ce qui a surtout contribué à rendre obsolète le principe, datant du moyen-âge, de la tutelle de l'Etat par l'Eglise, ce sont les deux faits suivants, dont l'un est d'ordre politique, et l'autre d'ordre religieux : la participation du tiers Etat aux devoirs du gouvernement et la Réformation.

L'influence des Papes, à l'époque de la domination du clergé en Europe, domination qui a duré jusqu'au 14e siècle, reposait sur la puissante action exercée par les prêtres sur les masses populaires. Le second Etat lui-même, qui a hérité de l'influence du clergé, devait, en grande partie, son crédit, son prestige et sa vigueur à l'Eglise, car c'est celle-ci, qui, en allumant et en attisant l'enthousiasme du peuple, a procuré aux chevaliers les armées dont ils avaient besoin pour les Croisades.

Il est difficile de préciser exactement l'époque à laquelle l'influence des chevaliers a supplanté celle du clergé, et celle où la bourgeoisie est venue, à son tour, détrôner la chevalerie. Les origines du tiers Etat remontent, en effet, à l'époque de la chevalerie, voire même au règne de Philippe-le-Bel. C'est ce roi qui, le premier, a armé la bourgeoisie contre le clergé, en lui donnant voix au chapître dans les questions politiques et administratives. — Le tiers Etat s'est débarrassé peu à peu de sa naïveté première, et a fini par atteindre à travers les siècles et en montant tous les degrés de la violence et, aussi, il faut le dire, de la légalité, le point où il se trouve aujourd'hui et vers lequel il s'est avancé rapidement, depuis 1789 surtout. Aujourd'hui, l'on peut dire: » Le tiers Etat c'est tout. « — Il domine l'Etat, il est devenu l'Etat lui-même. Il a acquis, en Europe, une puissance supérieure à celle que possédaient le clergé et la chevalerie réunis, et, soit dit en passant, il semble disposé à faire de la puissance un abus plus criant que celui qu'en aient jamais fait le clergé ni les chevaliers. Jadis le Pape, en sa qualité d'arbitre et de protecteur de l'idée chrétienne, condamnait les violences et l'iniquité des rois, qui s'étaient mis en contradiction avec les vérités chrétiennes; aujourd'hui, il maudit la morale superficielle, sans religion ni miséricorde, le matérialisme, l'athéisme, la folie des grandeurs du tiers Etat, qui est le détenteur du gouvernement, la caste dirigeante et le représentant du pouvoir séculier. En maudissant tout cela, le Pape ne fait que son devoir. Les formes des choses changent, mais le fond du Christianisme reste toujours le même. Le chef de l'Eglise catholique, s'il ne veut trahir le principe de cette Eglise, ne peut jamais cesser de contrôler les détenteurs des pouvoirs gouvernementaux, que ces détenteurs soient des rois, des Etats, ou des vassaux dynastiques, que les pays soient des monarchies ou des républiques; il ne peut jamais cesser de les contrôler, par la raison qu'il doit s'assurer si la puissance est appliquée conformément aux principes chrétiens. Si le Pape en a le pouvoir, il emploiera la force pour faire respecter sa volonté. Mais lors même qu'il serait impuissant à le faire, il adresserait cependant des reproches et des avertissements aux coupables; il prétend, aujourd'hui encore, à la monarchie universelle spirituelle, et cela avec raison, selon l'esprit du catholicisme. Les successeurs de Saint Pierre, même lorsqu'ils étaient au faîte de la puissance, n'ont jamais songé à fonder un empire temporel. La mobilité de la puissance temporelle ne touche pas la Papauté. Cette dernière veut seulement que chaque gouvernement agisse conformément aux principes chrétiens, dont l'interprétation en dernier ressort est l'apanage du Pape. En principe, l'Eglise reconnaît l'autorité laïque, que cette autorité ait un pouvoir considérable ou que son pouvoir soit minime — l'autorité vient de Dieu — mais, dans la pratique, la curie romaine n'approuve une autorité qu'à la condition qu'elle répond à l'idéal catholique. On conçoit que cet idéal soit réalisé de façons très-multiples, dans le monde, et que son application diffère dans les Etats catholiques de ce qu'elle est dans des Etats protestants ou mixtes, en Russie, en Amérique, chez les nègres, chez les Turcs, etc. Elle diffère aussi selon la personne du souverain, la forme de gouvernement, l'époque, les mœurs, le degré de développement de l'histoire universelle. Il en résulte que le Saint-Père a établi un modus vivendi multiple avec les différentes puissances de la terre, et qu'il ne voit jamais l'idéal chrétien complètement réalisé. Plus la population d'un Etat se rapproche de l'idéal du Pape, plus l'influence spirituelle du souverain Pontife sera considérable dans cet Etat, et mieux le Pape y exercera une influence politique.

Par conséquent, l'Eglise catholique continuera d'exercer une influence politique aussi longtemps et mieux la même proportion que le Christianisme qu'elle représente aura des racines dans le peuple. Cette influence sera différente, selon les Etats, et trouvera son expression dans de multiples modi vivendi politiques. Ici, elle prendra le ton du commandement; là, elle se fera suppliante; ailleurs, elle fera des remontrances; dans d'autres endroits elle supportera les persécutions en silence; ailleurs encore elle maudira et, dans certains cas, elle sera tolérante, mais toujours elle maintiendra son idéal et elle fera valoir ses droits aux fonctions d'arbitre spirituel. Elle en a usé ainsi dans la première moitié du moyen-âge, lorsque par la toute-puissance de l'interdit, elle paralysait les princes et les forçait à se soumettre; c'est ainsi qu'elle en use encore aujourd'hui que l'excommunication a perdu son effet sur les classes dirigeantes.

Nous allons essayer d'expliquer historiquement pourquoi la Papauté a perdu, depuis le moyen-âge, son influence sur les masses, et pour quelle raison sa faculté d'exercer un pouvoir politique étendu s'est presque entièrement évanouie.

*   *   *

L'histoire des Mérovingiens, dit Guizot, est l'histoire de barbares qui, dressant leurs tentes sur les ruines de l'empire romain, se sont mis à le copier en toute chose. Ils se sont perdus par la brutalité, les crimes, le parjure, l'inceste et la dégénération. L'histoire des Carlovingiens est celle du plus grand barbare qui a entrepris de rétablir l'empire romain, en se servant, pour cela, du chaos des peuples et des pays. Les empereurs d'Allemagne qui se sont succédé ont été influencés pendant des siècles par cette fausse idée.

En réalité, l'empire de Charlemagne a été le commencement d'autre chose encore que la restauration de l'empire romain sous une nouvelle forme. Charlemagne avait été touché par les rayons lumineux du Christianisme et montrait au monde l'exemple grandiose de l'harmonie des deux glaives temporel et spirituel. Il inaugure l'ère de mille ans d'histoire moderne. L'idée qui faisait mouvoir le monde alors et qui luttait pour sa propre réalisation, était l'idée chrétienne, c'est à dire le Christianisme tel que l'enseignaient les Papes. Ceux-ci étaient, en effet, au milieu du chaos des discussions, des hérésies et des fantasmagories du temps, non-seulement les représentants intrépides de la doctrine du Sauveur, mais aussi, toujours, les vainqueurs intellectuels et spirituels dans la lutte contre les adversaires de la doctrine chrétienne. Charlemagne, dont les actes ne représentaient pas autre chose que la réalisation pratique et politique des idées des Papes, a été le premier à essayer de faire du Christianisme pratique, et l'on peut dire de lui que, plus que tout autre, il a contribué à christianiser l'Etat. Mais une vie humaine, si grandiose qu'ait été son emploi et si prolongée qu'ait été sa durée, ne pouvait suffire, tout au plus, qu'à terminer le cadre destiné à recevoir l'image de l'empire divin catholique. La plupart des successeurs de Charlemagne sont retombés dans l'impiété, la violence et la rapacité de leurs ancêtres barbares et païens. Les plus grands même d'entre eux, tels que Othon-le-Grand, Henri III et Frédéric Barberousse n'ont guère fait avancer l'œuvre du grand Carlovingien.

La religion et la liberté, telles étaient les nouvelles idées qui dominaient l'édifice de granit de l'Etat romain, et qui se maintinrent victorieusement à leur place, à travers les siècles, planant bien haut au-dessus de l'ancien étendard du » senatus populusque romanus « et des créations vermoulues de la civilisation antique. Mais ces nouvelles promesses demandaient à être traduites par des vertus civiques et transportées dans la vie populaire. Cela ne pouvait se faire que par un long travail civilisateur. Il ne suffisait pas qu'un empereur, eût-il été le plus puissant des souverains allemands, se fût rendu compte, éclairé par la puissance de l'idée chrétienne, de l'injustice et de la tyrannie du code civil romain, recueil de lois surannées ne connaissant que des maîtres et des esclaves. Les Allemands du temps de Charlemagne étaient des barbares, incapables de comprendre que l'Etat est une organisation voulue par Dieu et appelée à réaliser les promesses de l'Eglise. Les peuples latins, au contraire, portaient pour ainsi dire en eux l'intelligence de la signification véritable de l'Etat; ce sont ces peuples qui, les premiers, ont introduit l'idée de l'Eglise catholique dans la politique intérieure de l'Etat, qui ont fait reconnaître et respecter dans la vie réelle, et non plus seulement en principe, la liberté et les droits de l'homme. Il est vrai que les » douze articles « rédigés, en 1525, par les paysans allemands, à l'occasion des fameuses » guerres de paysans, « ont été introduits presque littéralement, dans la » Déclaration des droits de l'homme, « votée par l'Assemblée nationale, le 1er octobre 1789.

Partout, au moyen-âge, on voit apparaître une classe de basse extraction, faible, méprisée, à peine perceptible dans ses commencements, qui s'élève cependant par un mouvement continu, qui, par un travail sans relâche, se fortifie d'époque en époque, pour finir par obtenir tout ce qui lui faisait défaut: richesse, instruction, éducation, influence. Cette classe a transformé la société, le gouvernement et les relations sociales, et a fini par acquérir une telle force, qu'elle est fondée à dire: » Je suis la nation. « Les communes italiennes ont formé, avec cette classe, de glorieuses républiques, copiées sur l'antiquité; les confédérations de villes allemandes sont devenues libres et im-médiates et ont eu un développement historique particulier; les communes d'Angleterre ont formé de commun accord avec une partie de la noblesse féodale, le Parlement législatif du gouver-nement anglais, mais en France seulement la naissance obscure, lente et douloureuse de la bourgeoisie moderne a traversé les phases de l'Etat féodal, de la royauté et de la révolution, pro-gressant lentement, mais sans interruption, et s'est effectuée sans mélange étranger. Dans aucun autre pays les circonstances gé-nérales n'étaient aussi favorables qu'en France à la domination de l'Eglise catholique. La base latine, l'unité religieuse et na-tionale, le pouvoir central qui trouvait son apogée dans l'autorité suprême du roi, tout cela répondait au plan de la hiérarchie chrétienne et romaine. Le développement du peuple français fait donc voir de la manière la plus complète et la plus suivie de quelle façon la doctrine catholique du Christianisme s'est réalisée et a trouvé son application dans les masses populaires. Inutile de dire que les violences de la révolution de 1789 n'ont rien de commun avec la doctrine chrétienne. Elles en étaient, au contraire, la négation.

Et pourtant, avant la Réformation, l'influence des Papes sur les masses était moins considérable en France que partout ailleurs; cette vérité historique s'explique par ce fait que c'a été en France que le tiers Etat a commencé à participer au gouver-nement et à avoir conscience de son influence politique.

Plus les masses populaires absorbent l'idéal d'une religion et réalisent cet idéal dans la Commune ou dans l'Etat, plus elles s'affranchissent de l'influence de cette religion, laquelle, lorsqu'elle est complètement passée dans le domaine de la vie réelle, a atteint la conséquence de son principe, et doit faire place à d'autres formes supérieures de la vie religieuse. Tel est le sort réservé à la religion chrétienne, comme à toutes les autres religions. Or, le moyen-âge tout entier a travaillé à vulgariser la doctrine chrétienne et à la traduire par des formes tangibles. Ces efforts ont produit l'Etat moderne, sur lequel la Curie romaine exerce si peu d'influence, précisément parce que cet Etat a réalisé en lui-même une grande partie de l'idéal de l'Eglise du moyen-âge et qu'il a poursuivi sa course vers un autre idéal. On est donc fondé à dire que l'Etat frappe sa propre mère au visage, lorsqu'il qualifie l'Eglise d'institution surannée, de vieillerie bonne à jeter aux orties.

Mais comme l'idéal et la réalité forment des contrastes, l'Etat, en sa qualité de doctrine chrétienne réalisée, entre en conflit avec l'Eglise, laquelle lui est encore supérieure dans la proportion de la somme d'idéal non encore réalisé qu'elle renferme. Or il est incontestable que la partie essentielle de l'idéal catholique a été réalisée par le moyen-âge.

* * *

Dès le d i x i è m e siècle, les paysans de la Normandie ont essayé de s'associer pour vivre selon leurs propres lois. * L'op-

---

* Robert Wace, un poëte normand, raconte cette révolte de paysans dans son roman ▸ R o u ◂. ▸ Les Seigneurs nous accablent d'injustices, ◂ dit un des personnages de ce récit. ▸ Nous ne retirons aucun avantage ni aucun profit de notre travail. Chaque jour ne nous apporte que souffrances, soucis, épuisement. A chaque instant on vient nous prendre nos animaux domestiques pour toutes sortes de services . . . . Pourquoi supportons-nous tout cela? Pourquoi ne mettons-nous pas un terme à nos malheurs? Ne sommes-nous pas des êtres humains de la même essence que nos tourmenteurs? N'avons nous pas la même taille, les mêmes membres, la même force physique qu'eux? Unissons-nous; engageons-nous par un serment sacré à nous soutenir les uns les autres. Et s'ils nous déclarent la guerre, chaque chevalier verra s'élancer contre lui de trente à quarante jeunes paysans, résolus à abattre leurs ennemis

pression féodale, les traditions romaines d'administration munici-
pale, et le principe de la liberté chrétienne ont créé les premières communes en France et en Italie. Tandis que l'Allemagne n'a pas su arriver, dans la période du moyen-âge, à une
unité durable, et que faute d'unité monarchique, religieuse et
même nationale, les masses populaires, dans ce pays, perdaient
le sentiment de la solidarité qui les reliait à l'Etat, la France
montre déjà, vers le milieu du 12° siècle, les commencements
d'un Etat monarchique uni et indivis. Louis VI, mort en 1137,
et ses successeurs favorisèrent les villes de priviléges si considé-
rables, que beaucoup d'historiens considèrent Louis VI comme
le fondateur de la liberté communale en France. La ville
d'Orléans, à elle seule, a eu, de 1051 à 1281, dans les » or-
donnances des rois, « sept chartes importantes, accordant des
libertés communales. Mais bientôt un esprit plus hardi et plus
indépendant encore vint animer jusqu'à la population rurale, dé-
pravée et démoralisée, à laquelle les rois avaient souvent besoin
de faire appel. Il est vrai que la France, elle aussi, a eu
alors ses combats de vassaux féodaux, mais ces luttes étaient
isolées (voyez celle des Plantagenets) et ne trouvaient que peu
d'appui dans le peuple. L'autorité royale était solidement
établie sur le principe de fidélité chevaleresque, qui peu à peu
s'était développé dans toute la noblesse; sur l'attachement des
villes, nombreuses et florissantes, et sur les agriculteurs, qui ne
trouvaient que dans la royauté la protection dont ils avaient besoin contre la noblesse. La noblesse féodale, en Allemagne,
éparpillée de ci de là, a, elle aussi, fini par accorder des droits

avec des massues, des épieux, des fléaux, des pioches, voire même à coups de pierres,
faute d'autre arme. Résistons aux chevaliers, et nous serons libres d'abattre des arbres,
de courir le gibier, et de pêcher à notre guise: bref, nous serons nos maîtres, sur
l'eau, dans les champs, et aux bois. «

politiques à quelques villes et communes, mais elle a lancé ces villes et ces communes les unes contre les autres, de sorte qu'il ne put exister entre elles ni unité, ni solidarité. Et puis, en Allemagne, ces privilèges n'étaient pas accordés par un pouvoir central: ils n'étaient conférés que par le seigneur de l'endroit ou par son mandataire. En France, les rois commencèrent, même avant Saint-Louis et Philippe-le-Bel, non seulement à faire des arrangements particuliers avec différentes villes et divers domaines, mais aussi à décréter des prescriptions valables pour toutes les villes. C'est ce qui fit disparaître le particularisme des communes indépendantes et guerrières, remplacées, désormais, par un nouvel Etat: le tiers Etat.

Ce nouvel élément social, uni à la royauté, a construit l'édifice de l'Etat français dans le cours des cinq siècles suivants. L'esprit d'opposition, qui avait régné jusqu'alors dans l'administration des villes, y fut remplacé par l'esprit d'ordre, de respect à la loi, de travail pour l'Etat. Les communes se virent protégées avec énergie contre les empiétements de la noblesse; les rois ne croyaient pas, en effet, devoir laisser s'accroître encore davantage la puissance des nobles. Lorsque plus tard (en 1302, 1308 et 1314) Philippe-le-Bel convoqua les envoyés de ses bonnes villes, avec la noblesse et le clergé, il n'ignorait pas qu'il s'adressait là à une classe de la population qui possédait une grande influence dans tout le pays. Philippe se débarrassa de l'influence de la féodalité non - seulement dans les affaires judiciaires et administratives, mais aussi dans le gouvernement central, en composant son Conseil exclusivement de jurisconsultes d'origine roturière. Aussi, le tiers Etat a-t-il aidé la royauté française à devenir, trois siècles avant les commencements de la liberté civile en Angleterre, une puissance politique assez considérable pour tenir tête au Pape et à la noblesse féodale. Mais alors, le tiers Etat se mit à poursuivre un nouveau but. Il voulut transformer la monarchie d'absolue en constitutionnelle, et comme cette transformation devint impossible par la voie du développement graduel, à cause des crimes, de l'incapacité et de l'inertie des rois, le tiers Etat apparut tout à coup sous sa véritable forme, selon l'abbé Siéyès, sous la forme de la Nation. » Qu'est-ce que le tiers Etat? « — » Tout. «

Le tiers Etat est devenu la force motrice la plus puissante, la plus persévérante de notre civilisation. Les faits, que l'on peut suivre, en France, avec une netteté toute particulière, ont aussi contribué dans les autres Etats et chez les autres peuples, à affaiblir l'influence du Pape. On peut donc admettre cet axiôme général:

» Plus les masses ont conscience de leur importance politique et de la situation qu'elles occupent dans l'Etat, plus elles secouent, à tort ou à raison, là n'est pas la question, la tutelle de l'Eglise, parce que l'Etat lui-même est devenu une sorte de réalisation tangible de la doctrine chrétienne. «

*　　*　　*

La doctrine chrétienne a apporté au monde deux idées à réaliser: l'idée de liberté et celle d'autorité. Les peuples latins ont prêté à la liberté des formes séculières, et, par là, ils se sont débarrassés du paganisme même au point de vue politique et social; par contre, ils n'ont trouvé, pour le problème de l'autorité, que celui fourni déjà par l'empire romain. La domination universelle de l'ancienne Rome est resté l'idéal de l'Etat latin jusqu'à Louis XIV, jusqu'à Napoléon, et même jusqu'à ce jour. Nous ne pouvons pas, évidemment, démontrer qu'il en est ainsi de chaque peuple ; il nous suffira, d'ailleurs, de jeter un coup d'œil rapide sur l'Italie. Là l'idée politique de l'antiquité, impossible à réaliser désormais, se cache derrière le principe moderne des nationalités, au nom duquel a été prononcée l'unité de l'Italie. Ce principe signifie, en Italie, la suppression du pouvoir temporel des Papes, c'est à dire le coup le plus funeste que l'on pourrait porter à la dignité et à l'indépendance du Saint-Siége.

L'idée de l'unité de l'Italie au détriment des Etats Pontificaux date déjà de quatre siècles.

Elle a pris naissance à l'époque où un engouement insensé pour les institutions politiques des peuples païens avait éclaté parmi les nations chrétiennes de l'Occident. La parfaite unité apparente du monde de Tibère semblait être, aux yeux de l'Europe étonnée, le type de la puissance et de la perfection politiques. L'ancienne Rome ressuscitait du tombeau avec tout son cortège de vertus et de victoires. On chantait sa splendeur et l'on rêvait au secret de sa puissance. On la réédifiait mentalement, et au faîte de l'édifice apparaissait toujours César, empereur et pape.

Machiavel était l'auteur de cette prédiction.

Cet homme a su caractériser, comme aucun auteur ne l'avait fait avant lui, la toute-puissance impériale de l'antiquité, supprimée par le Christianisme, et il engage éloquemment son époque à imiter cette toute-puissance et à la considérer comme le but politique vers lequel doivent tendre ses efforts. Mais cette toute-puissance païenne, cette copie de l'esprit de l'antiquité vaincu par le Christianisme, rencontre toujours un obstacle dans la personne du Pape et dans son pouvoir temporel.

Machiavel n'oublie pas de le rappeler. Vingt ans avant Luther, il ose proclamer dans une ville catholique, à quelques heures de Rome, que le seul obstacle à l'unité de l'Italie et la cause de tous les maux de ce pays résident dans le pouvoir temporel de l'Eglise romaine. On est surpris de retrouver, sous sa plume, toute la politique piémontaise, les proclamations de Garibaldi, le programme de Mazzini, les discours du comte de Cavour,* les memoranda de Victor Emmanuel et les instructions des sociétés secrètes. **

» Nous autres, fils de l'Italie «, dit Machiavel, » nous avons de grandes obligations à l'Eglise romaine, parce qu'elle est la cause de notre impuissance politique. Je veux dire, par là, qu'elle a toujours attisé et qu'elle attise encore la discorde dans notre pays. Jamais l'union et la prospérité n'ont régné dans un pays qui ne formait pas un tout, un Etat unique, et qui n'obéissait pas à un seul prince. Or la cause pour laquelle l'Italie ne peut pas former un Etat uni obéissant à un prince unique, cette cause réside exclusivement dans l'Eglise romaine. D'un côté, le pouvoir temporel de l'Eglise est trop faible pour s'emparer de l'Italie tout entière et pour qu'elle puisse y régner en reine; de l'autre, le territoire appartenant à l'Eglise n'a pas une étendue assez considérable pour empêcher que l'Eglise, dans la crainte de le perdre, ne se voie poussée à le confier à la défense de princes puissants, contre des princes italiens qui pourraient devenir dangereux pour l'Eglise. C'est ainsi que l'Eglise romaine

---

* » Si nous luttons, c'est pour te rendre ton ancien éclat, ton Capitole, tes anciens triomphes: c'est pour t'élever au rang de capitale d'un grand royaume. « (Paroles prononcées par Cavour dans la séance du Parlement le 11 octobre 1860.)

** Le 4 mars 1861, Ricasoli, gouverneur de la Toscane, disait en s'adressant à ses troupes: » Notre Constitution ne peut pas avoir d'autres obstacles que ceux que lui suscite son vieil ennemi irréconciliable. Cet ennemi, c'est le pouvoir temporel de Rome. «

nous a mis dans l'impossibilité de vivre sous un prince unique. Condamnée à subir le joug de plusieurs princes, l'Italie est tombée dans un tel état de désunion et d'impuissance, qu'elle semble être devenue une proie facile à saisir non-seulement pour des barbares puissants, * mais pour quiconque veut s'en emparer. Nous devons cet état de choses, nous, fils de d'Italie, à l'Eglise romaine, et à personne autre. « **

Après avoir exposé les motifs de cela, Machiavel demande en termes énergiques que l'on agisse. Tout ce qui a été écrit, depuis des années, par les partisans de l'unité de l'Italie et de la suppression du pouvoir temporel des Papes, se retrouve mot pour mot dans le livre du maître. Flattant la vanité innée de ses compatriotes, il évoque l'image éblouissante de l'a n c i e n e m p i r e r o m a i n. » Italiens, « s'écrie-t-il, » voulez-vous l'unité de l'Italie sous un prince italien? Voulez-vous voir reparaître les jours de puissance, de gloire et de prospérité dont ont joui vos ancêtres, s o u s l a g r a n d e u n i t é r o m a i n e ? Eh! bien, mettez-vous à l'œuvre. Mais il faut, avant tout, que les Barbares soient chassés d'Italie. *** Notre patrie agonisante attend celui qui guérira ses blessures, qui mettra un terme à l'oppression sous laquelle gémit la Lombardie, et qui écartera les dangers menaçant Naples et la Toscane. **** Pour rétablir l'ancien empire dans toute sa splendeur, pour réaliser ses bienfaits — l'unité et l'indépendance de l'Italie — il faut un César. Machiavel l'a compris, et il dicte à ce César les principes d'après lesquels il lui faudra régner. (Disc. 14, 16, etc. Il Principe «, 18.)

L'Eglise se rend parfaitement compte du but que poursui-

---

* Les Autrichiens.

** Discours I. 12.

*** Sous ce nom, les Piémontais désignaient les Autrichiens.

**** » Il Principe ‹. Dernière édition de 1550. Chapître 26.

vent les héros modernes de la liberté de l'Italie, disciples de Machiavel ; elle n'ignore pas non plus la source des motifs qui les font agir.

Le 28 juin 1861, le cardinal-vicaire disait, dans son édit, à l'occasion de la fête du prince des apôtres: » La victoire de Saint-Pierre sur la ville de Rome a causé une telle colère au Démon, qu'il a mis tout en œuvre pour ébranler le Saint-Siége et pour faire renaître, à Rome, les erreurs et la barbarie de l'antiquité. « — Pie IX est encore plus explicite dans l'encyclique qu'il a lancée le 8 octobre 1849, après avoir été victime de la Révolution, pour la première fois. » La Révolution «, dit-il, » est fomentée par Satan lui-même. Son but est de détruire de fond en comble l'édifice du Christianisme, et de rétablir, sur ses ruines, l'ordre social du paganisme. Les moyens d'action dont elle se sert de préférence consistent à faire miroiter aux yeux des Italiens les splendeurs de la Rome païenne, afin de provoquer à la haine contre la Rome chrétienne, qu'elle représente comme étant la grande pierre d'achoppement empêchant l'Italie de reconquérir l'ancienne splendeur des temps passés, c'est à dire du paganisme. On veut ramener le monde au paganisme: c'est là la dernière œuvre de la Révolution. «

Ces manières de voir feront peut-être sourire les libéraux modernes, bouffis d'orgueil et de suffisance, mais il n'en est pas moins vrai que les révolutions politiques des Latins se sont efforcées de réaliser le faux idéal de l'imperium romanum païen, et qu'aujourd'hui encore cet idéal, qui ne répond nullement à l'idéal chrétien, fait tourner la tête aux révolutionnaires. La participation des masses aux affaires de l'Etat, la liberté civile et le parlementarisme moderne ont créé, chez les peuples d'origine latine, des formes politiques auxquelles l'esprit chrétien, issu d'une éducation de plusieurs siècles, a certainement apposé son cachet, mais qui reviennent aux traditions romaines et païennes de la déification de l'Etat; c'est pourquoi elles ont produit des adversaires acharnés de l'Eglise. C'est à ce même point de vue qu'il faut se placer pour juger les erreurs du grand Florentin Machiavel.

*   *   *

La décroissance de l'influence des Papes en Europe ne s'expliquerait pas, si l'on était fondé à affirmer que les peuples ont toujours fait fausse route lorsqu'ils ont formé des Etats. Mais il n'en est nullement ainsi. Sans doute, le » romanisme « a donné naissance, par suite de son idéal du César païen, au rationalisme et à la révolution, mais il ne s'en suit pas qu'il n'ait rien créé de bon dans les limites de son but erroné, et qu'il n'ait pas essayé de s'appliquer les conquêtes faites par d'autres peuples dans le domaine de la réalisation politique du Christianisme.

Le protonotaire apostolique J. Gaume se demande dans son livre » Die gegenwärtige Lage « (» La situation actuelle «), 1861, Manz, Ratisbonne, d'où il vient » que l'Eglise catholique, » la reine et la mère de la vieille Europe, se voit contrainte, » depuis plusieurs siècles, de reculer sans cesse devant l'esprit » moderne, et de lui faire concession sur concession, tandis » qu'il ne lui en fait aucune, à elle. «

Le protonotaire explique ce phénomène en disant tout simplement que si les choses se passent ainsi, c'est que Satan l'a voulu.

Cette explication est certainement insuffisante, car ce n'est pas seulement l'influence de l'Eglise catholique qui a décliné, c'est celle de toutes les Eglises, l'Eglise protestante non exceptée. *   Cela vient, tout d'abord, de ce que la force créatrice du germanisme a également appliqué avec succès à l'Etat la seconde idée de l'idéal chrétien, l'idée d'autorité. Cette œuvre dure déjà depuis plus de trois siècles. L'esprit allemand a, en outre, perfectionné l'idéal de la vie que s'étaient formé les Catholiques romains : il a approfondi le principe d'autorité, d'abord au point de vue religieux, ensuite au point de vue politique. Ce travail a été préparé par le grand fait historique de la Réformation, qui a remplacé l'autorité de l'Eglise par celle de la conscience, et l'hétéronomie catholique par l'autonomie évangélique. L'être humain de ce jour est placé sur ce pilier fondamental. La Réformation protesta contre le développement tout entier du Christianisme, qui avait conduit au catholicisme, et dota le monde d'une nouvelle idée religieuse.

Quelle était cette idée ?

C'était la doctrine qui a trouvé son expression la plus fidèle dans le livre publié par Luther en 1520 et intitulé » Von der Freiheit eines Christenmenschen « (» De la liberté d'un Chrétien «), doctrine par laquelle le réformateur allemand a fait entrer la vie intellectuelle, sociale et politique tout entière de la nation dans une nouvelle voie religieuse et morale, la doctrine de la vie chrétienne séculière, dirigée contre l'institution de la vie monacale, la doctrine de la foi justificatrice dans le Christ,

---

* Guillaume Bender lui-même dit, à la page 3 de son ouvrage : » Réformation et organisation de l'Eglise « (» Reformation und Kirchenthum «) : » . . . . . Car, bien que le nombre des admirateurs de l'Eglise évangélique ait continuellement diminué, dans le cours des siècles, les idées religieuses et morales de la Réformation n'en ont pas moins été adoptées par le monde policé chrétien. «

dirigée contre le principe de la grâce et de la nécessité du système ecclésiastique romain. Il y a une ligne de démarcation bien tranchée entre l'idéal de la vie du catholicisme du moyen-âge et celui de la Réformation. Là, nous voyons les moines et les nonnes qui se séparent violemment de tout ce qu'il y a de sacré et de précieux au monde; qui mènent, dans cette vie déjà, une existence angélique; qui font plus que n'exige d'eux la loi morale de Dieu, et qui amassent ainsi ce trésor de mérites qui doit racheter la grande majorité des Chrétiens et les sauver de l'Enfer et du Purgatoire. Ici, nous rencontrons le Chrétien libre selon Luther, convaincu que l'être humain est incapable de remplir son devoir tout entier, mais certain de la miséricorde et de l'appui divins, prouvant l'expiation et la rédemption comme des revelations personnels et intérieurs. Ce Chrétien-là manifeste sa croyance, tout en luttant pour ce qu'il a de plus cher, la famille et la nation, par sa confiance en Dieu, la fidélité à ses devoirs et son amour du prochain: il appartient au Ciel par ses espérances, à la terre par son labeur, à la terre, que lui idéalise sa croyance en un royaume divin. Ce Chrétien-là est lui-même son propre prêtre, car la foi du cœur est le seul sacrifice agréable à Dieu; il est lui-même son propre roi et seigneur spirituel, car il est responsable de ses actes, bons ou mauvais; mais il se fait volontairement le serviteur de tout en maîtrisant son égoïsme coupable, en manifestant à l'égard de tous les hommes, l'amour qui est l'accomplissement de la Loi.

Nul ne peut se refuser à reconnaître que ces idées, grandioses dans leur simplicité, que développe Luther dans son ouvrage » La Liberté d'un Chrétien «, renferment tout un programme, toute une ligne de conduite qui est la base d'une nouvelle civilisation, de la civilisation protestante. Ce que Luther prêchait alors, comme un nouvel Evangile, est tombé désormais dans le domaine public: la valeur morale de nos actes ne dépend pas de la forme religieuse ou laïque qu'ils revêtent, pas plus que des œuvres qu'ils créent, mais uniquement de l'intention qui nous animait, de l'esprit dans lequel nous avons agi. Dans ce sens, la nation allemande a connu la doctrine de Luther bien avant que le plus grand des philosophes allemands, Immanuel Kant, eût entrepris de motiver scientifiquement cette doctrine. La puissance toujours croissante des princes, le réveil du sentiment politique et national des peuples, la critique acerbe des humanistes, tout cela a certainement contribué pour beaucoup, dans la suite, à ébranler la puissance politique de la Papauté, mais son influence absolue sur les consciences a été détruite par Luther, lorsqu'il a persuadé à la société chrétienne du Saint-Empire romain que la foi volontaire en Jésus-Christ renferme en elle-même tout ce qui est necessaire au salut, en ce monde et dans l'autre. (Voyez Bender, a. e. i., Pages 8, 9 et 13.)

* * *

Examinons, maintenant, comment ce principe de la Réformation est parvenu à se faire adopter par l'Etat.

Nous savons que le système du moyen-âge était rempli de l'idée théocratique. * Selon cette idée, l'univers est un organisme

---

* Le cadre de cette brochure ne nous permet que d'indiquer les phases de l'histoire du développement de l'Etat moderne. Aussi allons-nous faire connaître au lecteur les sources auxquelles il peut puiser des renseignements détaillés. Les voici: » Dante. De monarchia «, libri III., ed. per Carolum Witte Vindobon. 1874. — L'essai grandiose de Nicolas de Cues, dont l'esprit embrassait deux époques: » De concordantia catholica «

(macrocosmus) formé par un seul principe (principium unitatis), et dont émane la multiplicité des individus. L'essence de l'Etat, c'est à dire la souveraineté qui le crée, est une unité vitale, embrassant le gouvernement religieux et le gouvernement laïque, et qui, en comparaison du corps animé, forme un » corpus mysticum, cujus caput est Christus. «

La souveraineté est la totalité de l'unité visible formée par l'Eglise et par l'Etat.

Ce furent les scolastiques et les humanistes qui .sapèrent la base de cette idée théocratique, et qui sécularisèrent complètement l'interprétation du mot » Etat «.* Mais la Réformation elle-même vint leur donner un démenti, en attachant une portée inconnue jusqu'alors à cet axiôme: » Toute autorité vient de Dieu. « C'est pour cette raison que les Jésuites ont essayé d'établir une souveraineté monarchique et populaire exclusivement séculière ** qu'ils basèrent sur le droit naturel, sans renoncer à l'axiôme selon lequel tout pouvoir émane de Dieu. Le Jésuite Suarez, homme de génie et esprit profond, dit que le pouvoir souverain doit nécessairement prendre naissance en même temps que » le

1431—33, b. Schard de jurisd. imp. Page 478, etc. — L'excellent ouvrage d'Otto Gierke: » Untersuchungen zur deutschen Staats- und Rechtsgeschichte. « Breslau, 1880. — Le lecteur consultera aussi Hugo Floriac (» Tractatus de regia et sacerdotali dignitate [1154—1189] in Stephan Baluzii Miscellan. lib. quartus, Paris, 1683 «) prol. I. C. 1, II. Page 66, etc. — La discussion sur la source de la souveraineté dans l'Etat théocratique porte toujours sur la question de savoir si cette souveraineté émane directement de Dieu (» immediate a Deo «) ou si l'Eglise lui sert d'intermédiaire (» mediante Ecclesia «).

* Machiavelli (premier chapître de Il Principe, 1515). — Thomas Morus (De optimo reipublicæ statu etc. 1516.)

** Franc. Suarez trac. de legibus ac. Deo legislatore. Antv. 1613 III. c. 3 c. 6—8. c. 10 Nos 3—6. — Salomonius ne parle ni de Dieu ni de l'Eglise; Mariana n'en parle qu'incidemment. Les arguments de Boucher et de Rossaeus, tant que l'indépendance de l'Eglise n'est pas en question, sont presque identiques avec ceux des Hugenots, notamment avec ceux de Languet (1518—1581). Consultez, à ce sujet, Gierke a. e. i. Pages 65 et 67.

corps politique et mystique « lui-même. Il démontre partout le contraste existant entre la puissance spirituelle et la puissance temporelle. La première, dit-il, est prêtée directement par Dieu; la seconde a sa source dans le droit naturel. Les hommes politiques protestants opposèrent à ces principes la doctrine du mandat divin des autorités séculières, mais ils étaient loin d'en tirer les dernières conséquences. * Les luttes acharnées livrées à propos de l'essence du droit naturel finissent par la reconnaissance de l'intellect comme substance du droit positif et de la volonté, comme substance du droit naturel; l'unité de ces deux droits se trouve dans le droit historique. Suarez pressentait déjà cela (voir l'endroit cité I. c. 4—5 et III. c. 20). Sans s'exposer à des malentendus par la généralité de l'explication, on peut établir sommairement les différences suivantes entre les diverses doctrines du droit d'Etat: a) les doctrines que ne considèrent l'Etat que comme un ordre raisonnable, rationnel, et b) celles qui le considèrent comme un ordre moral. Les unes comme les autres reconnaissent que le représentant de la souveraineté, — peu importe que ce représentant soit un roi ou le peuple — est au-dessus de la loi (princeps legibus solutus). ** Mais les unes sont d'avis que l'autorité suprême

---

* Ferrarius, de republica bene instituenda. Bâle 1556. » La cause de la communauté est Dieu: elle n'a pas sa source dans la volonté humaine: « — » L'autorité séculière vient de Dieu et elle est la servante de Dieu. «)

** Thomas d'Aquin, de regimine principum. La loi doit diriger le souverain, mais il ne faut pas qu'elle le contraigne. Elle doit le lier » quoad vim directivam «, mais non pas » quoad vim coactivam «. — Bodinus, de republica I. c. 8. Nro 82 etc.: sans » potestas legibus soluta «, il n'y a que » principatus «, et alors c'est la » universitas populi « qui est souveraine et qui, dans ce cas, devient » legibus soluta «. — La thèse de la souveraineté de Bodinus a été développée avec beaucoup de logique notamment par Bornitz (1607—1614). Bornitius, Partit. Pages 41—45, » de maj. pol. « Majestas est perpetua individua incommunicabilis; » inest uni semper $\tilde{\tau\alpha}$ $\lambda\acute{o}\gamma\omega$, interdum etiam persona, interdum multis. « — Valentin Riemer, Decades XV quaest.

de l'Etat dépend de la personne du souverain ou du peuple souverain, c'est à dire d'un pouvoir visible, tandis que les autres considèrent cette autorité comme quelque chose d'impersonnel, d'invisible. De là l'autorité ostensible de l'Eglise catholique et l'autorité invisible, basée seulement sur la conscience, de la Réformation. Ce n'est que peu à peu que l'on a compris cette vérité que derrière la personnalité du souverain se trouve celle de l'Etat, la » persona civitatis. « — Enfin, l'idée de la souveraineté de l'Etat est parvenue à se faire jour, idée que Grotius pressentait déjà, mais qu'il ne saisissait pas. La souveraineté ne peut pas être cédée par une communauté, au moyen d'un contrat avec l'Eglise (voyez la note de la page 54 sur Floriac) ou avec la société: elle est essentiellement personnelle et individuelle. Mais il ne faut pas se représenter l'autorité comme une personne mortelle et visible, car elle est une personne morale et invisible. Cette théorie individualiste a été développée par Hobbes,* Horn,**

jurid. illustr. Den. 1617 Dec. I. q. 7. » Princeps omnibus omnino legibus est solutus. « La loi naturelle elle-même ne s'impose pas au prince autrement qu'au point de vue moral. C'est affaire entre lui et sa conscience s'il veut l'observer ou non. — On trouve cette même manière de voir chez Grasswinkel, Salmasius, Hobbes, Horn, Pufendorf, et chez Suarez, III. c. 34.

* La » personnalité de l'Etat, « selon Hobbes n'est pas autre chose que la personnalité du souverain selon l'ancienne doctrine, rendue plus absolue et plus compliquée. Il se sert de cette expression: » homo artificialis. « Il est essentiellement individualiste. Comparez Leviathan, c. 16 et 22. Pufendorf Elem. I. def. 4 de off. II. c. 6 §§ 5—6.

** Horn a encore surpassé Hobbes dans le développement individualiste de la subjectivité du droit d'Etat. Il démontre, avec une grande sagacité, qu'il ne peut pas y avoir, sur cette terre, d'autres personnes juridiques que les individus. — Bien que Pufendorf combatte Horn dans tous les détails de sa doctrine, la littérature étrangère ne fait aucune mention de Horn, peut-être parce que cet auteur était un Allemand. — Jean-Frédéric Horn, né à Brieg en Silésie a fait avec son ouvrage » Politicorum pars architectonica de civitate «, Traj s. l. Rhin, 1664, la tentative la plus radicale de restauration de l'idée gouvernementale théocratique: les erreurs de cet ouvrage n'en diminuent le mérite que dans de faibles proportions. Selon Horn, le souverain est l'image de la majesté divine, dont elle provient. Il ne reconnaît que la souveraineté

Pufendorf,* Fichte.** On avait fait le tour du cercle, depuis la totalité jusqu'à l'individualisme.

La prospérité de l'Etat est la loi suprême du souverain. — » Salus rei publicae suprema lex «.*** Il s'agit de savoir en quoi consiste la vraie prospérité: réside-t-elle dans la sagesse du prince****, dans le bonheur du peuple*****, dans la

---

monarchique, car, dit-il, » le sujet de la majesté ne peut être qu'un individu. « Il réfute la théorie des traités, généralement répandue, d'une manière écrasante, en dévoilant la contradiction intérieure qui existe entre la théorie des traités de Barclay, Salmasius et Grotius et les déductions absolutistes (II. c. 1. § 17) et, enfin, en déclarant que la manière dont Hobbes motive le pouvoir gouvernemental est tout aussi révolutionnaire et tout aussi favorable à la souveraineté du peuple, que la doctrine des » Monarchomachen «. Voyez O. Gierke a. c. i. Pages 70 et 71.

* La doctrine de la souveraineté de Pufendorf, semble écrite tout exprès pour l'absolutisme éclairé et modéré. La personnalité est une attribution abstraite, une » persona moralis «, qu'il faut avoir soin de ne pas confondre avec l'existence naturelle. (Elem. I. def. 4. De jure nat. et gent. I. c. 1. § 12—15.) Consultez, également, Leibnitz (Caesar. Furst. def. 4. Introduction du cod. dipl. 1. § 22, page 300); Frédéric II, qui considère le prince comme étant » le premier serviteur et premier magistrat de l'Etat « (Antimach. c. 1. Mémoires, oeuvre 1, page 123: Dernières volontés, oeuvre VI, page 215): et Luther (» De la liberté d'un Chrétien «), » un serviteur et un maître en même temps «.

** J. G. Fichte, oeuvres complètes, tome VI, page 80 etc. » La volonté individuelle est le seul législateur «. — Rechtslehre. Nachgelassene Werke. 1812. Page 627 etc.: » Le souverain représente la volonté du droit «.

*** Spinoza » Tract. theol.-polit. c. 16 utr. polit. c. 4 § 1 etc. (» summa potestas nulla lege tenetur «); toutes les lois peuvent être violées par le souverain, si cette violation est réclamée par la prospérité de tous. — Pufendorf est d'avis qu'il résulte de traités constitutionnels, etc., de véritables obligations pour le souverain. Dans cette circonstance, Pufendorf confond le droit positif avec le droit naturel. — Suarez juge plus sainement en n'attribuant aux traités qu'une » vis directiva «. — Voyez les ouvrages traitant de la discussion sur le droit de dépossession et le » dominium eminens «, en première ligne l'ouvrage de Stein » Verwaltungslehre « VII. page 165. De l'avis de cet auteur, le droit de dépossession est » le droit le plus important de l'idée politique «.

**** Consultez, pour ce qui est de la raison d'Etat (Razione di Stato), toute la littérature de Machiavel; voyez, aussi, l'ouvrage de von Mohl, » Geschichte und Literatur der Staatswissenschaften « (» Histoire et littérature des sciences politiques «). 1858. III. Page 519.

***** Kant combat le principe du bonheur et le » bene vivere « d'Aristote, qui, selon Kant, conduit au despotisme ou à la rébellion. L'axiome » salus rei publicae

raison* ou dans la moralité, c'est à dire dans l'idée de l'Etat basé sur le droit et la justice? et si l'on se décide en faveur de cette dernière supposition, il faudra encore rechercher les rapports existant entre l'autorité souveraine et le droit; autrement dit, il faudra rechercher l'autorité qui décide dans le conflit entre le droit ostensible et variable et le droit naturel, invisible et éternel, problème dont les esprits les plus éminents de cinq siècles ont cherché la solution.**

Or le germanisme est à même de donner à ce problème une solution théologique et même scientifique, solution puisée dans l'esprit de la Réformation: il lui suffit, pour cela, de tirer vigoureusement les conséquences de la doctrine du moine de Wittenberg, et de ne pas se laisser gagner par l'étroitesse d'esprit et la partialité d'un rationalisme présomptueux.

De même que l'Eglise catholique ne va pas, tout bien considéré, au-delà de la communauté visible, de même le romanisme ne dépasse pas la puissance extérieure de l'Etat. L'autorité positive suprême est, pour le romanisme, le représentant visible et personnel de la force.*** Pour peu qu'il vienne à renier cette

---

suprema lex ‹, dit-il, n'est admissible que lorsqu'on entend, par › salus rei publicae ‹ non pas la prospérité et le bonheur, mais le meilleur accord possible entre la constitution et les principes de droit que la raison nous ordonne, par un impératif catégorique, de chercher à atteindre ‹. Voyez l'oeuvre de Kant, tome VI, pages 322 à 334 etc. 338—346; puis tome VII, pages 130—136 et 150.

* Locke: II. c. c. c. 9, 11, 12. Son idéal est un Etat gouverné par un absolutisme policier raisonnable. › Le but de l'Etat ‹, dit-il, › est de préserver la liberté et la propriété de chacun ‹ (› to preserve himself his liberty and property ‹).

** Rotteck et Welcker, W. J. Behr (› angewandte Staatslehre ‹) et K. S. Zachariae se fondent sur Kant, dont le point de vue restreint, concernant le droit naturel, n'a été reconnu et démontré que plus tard, par l'école de droit historique de Stahl et de Savigny.

*** La jurisprudence française revient toujours aux principes de la législation romaine: › omnia jura habet princeps in pectore suo ‹. — › Quod Principi placuit legis habet vigorem ‹. — › Error Principis facit jus ‹. — › Princeps est lex animata ‹, etc.

autorité, il tombe immédiatement dans le rationalisme politique (l'Etat policier), le droit naturel et la révolution. L'individu, dans l'Eglise et dans l'Etat, se soumet toujours à la contrainte de la loi et à la volonté d'un autre. Le germanisme, baptisé de l'esprit de la Réformation, se soumet, également, à la loi, mais l'individu transforme, en vertu de la grâce, la loi en un règlement qu'il s'impose volontairement.

Il ne faut pas, en parlant de la liberté évangélique, attacher autant d'importance au fait même de la soumission, qu'aux sentiments qui mettent la volonté humaine en concordance avec la volonté de Dieu, en faisant que l'individu se soumet » legibus solutus « à la loi, et contribue même à produire celle-ci. A la prêtrise universelle du protestantisme correspond aussi un civisme universel, faisant que le prince et le peuple ont conscience de remplir librement un devoir commun à tous et d'accomplir une mission supérieure. Cela seulement est l'idée dominante de l'Etat régi par le droit, idée différente de celle qui domine l'Etat policier.

De même que la » loi « se voit réalisée par l'individu, de même le » droit « est réalisé par le représentant de la souveraineté, le droit positif et le droit naturel se trouvant réunis dans une seule et même volonté. Car le représentant de la souveraineté qui, dans les républiques comme dans les monarchies, doit toujours être un individu, réunit, en lui-même, le droit positif, avec ses traités et ses obligations, et le droit naturel; il produit le nouveau droit librement, en vertu de la grâce par un acte de moralité individuelle (legibus solutus). C'est pourquoi on dit, en parlant du souverain, » par la grâce de Dieu « : il ne peut, en effet, produire le droit objectif que par la grâce (comme il agit librement, il peut tomber dans des erreurs subjectives). *

Depuis le Grand-Electeur jusqu'à Frédéric-le-Grand et à l'empereur Guillaume I, le gouvernement de la Prusse, et respectivement celui de l'Allemagne, repose sur le principe du droit. Il n'y a pas jusqu'au fameux bâton de caporal, symbole du gouvernement prussien, qui ne démontre que même aux époques les plus despotiques la situation du roi vis-à-vis du peuple n'était pas celle d'un maître commandant à ses serviteurs, mais celle d'un général à la tête de ses soldats. Or le soldat n'ignore pas qu'en se montrant docile et obéissant il n'agit pas dans l'intérêt particulier du général, mais que celui-ci poursuit volontairement, avec ses subordonnés, un but commun, qui est l'honneur et l'accomplissement du devoir. La règle prussienne ordonne aux officiers de l'armée et aux fonctionnaires de l'Etat de ne pas considérer leur situation comme un privilége, devant leur servir à satisfaire des envies de gloriole ou d'ambition, mais de n'y voir qu'un moyen de donner des exemples d'honneur, de respect du devoir, de liberté morale et d'incorruptibilité. Ce sont les rois de Prusse qui ont accompli les actions d'éclat, mais le peuple prussien les a aidés, et cela non-seulement comme instrument d'exécution, passivement, mais aussi comme collaborateur moral, ayant de l'initiative et capable des plus grands sacrifices.

Nous avons vu que les Latins ne se sont pas élevés au-dessus de l'idéal césarien et de celui de l'imperium romanum. Aux époques de la plus grande prospérité politique de la France, Louis XIV ne trouvait rien de mieux à dire que: » L'Etat c'est moi. « Et le pays tout entier applaudissait à ces paroles.

---

* Voyez l'avant-propos, ce qui y est dit au sujet des événements de 1866, page 5.

Les fonctionnaires du roi motivaient ce principe scientifiquement, et l'Eglise lui donnait son approbation.* Alors déjà, les commencements du principe de » l'Etat basé sur le droit « se développaient graduellement, en Prusse. En France, le peuple avait conscience d'être le représentant de la puissance romaine et le porte-drapeau de la liberté nationale; en Allemagne, le peuple se sentait le champion de l'idée de droit. Et de même que le Sauveur opposa, jadis, à la splendeur de Rome, toute-puissante, un » royaume qui n'est pas de ce monde «, de même l'Etat allemand, basé sur le droit, opposait à l'édifice brillant de la liberté romane; à la doctrine décevante des révolutions, avec sa devise » liberté, égalité, fraternité «; à la liberté fausse et sans contrainte de ce monde, la vraie liberté qui réside dans la valeur morale de l'individu, devenue éternelle et transformée en Etat, dans l'esprit de la liberté morale et de l'Autorité autonome, aux termes duquel l'Etat est pour chacun. pour le prince comme pour le peuple, l'accomplissement permanent de devoirs communs et réciproques; la collaboration de tous à une œuvre supérieure, inaccessible à l'arbitraire humain.

Voilà la situation, et c'est ainsi qu'il faut la comprendre, politiquement et historiquement.

*   *   *

---

* Bossuet V a 1: Le monarque est l'Etat même 1. a 3. prop. 1.—6 toutes les forces doivent être absorbées dans cette force unique; le gouvernement rend immortel l'Etat avant celui-là il n'existe qu'une multitude anarchique VI. a 1 pr. 2—3. Voir également Pufendorf » rex est populus «. Gierke page 89. Bossuet VIa. 2. cinq. avertissement XXXVII et Fénelon chap. X.

Après la mort de Luther, les pays protestants se sont développés d'une manière analogue au développement de l'Eglise catholique au moyen-âge. Tant que le nouvel idéal religieux de la responsabilité et de la liberté du Chrétien n'a pas été réalisé dans l'Etat et dans la société, l'Eglise protestante, elle aussi, a exercé une influence politique considérable, influence qui s'est manifestée notamment dans les guerres de religion en Europe, ainsi, d'ailleurs, que dans toute la politique de cette partie du monde, jusque dans les derniers temps. Mais le cadre de ce travail ne nous permet pas de démontrer ce fait par des exemples historiques. Il va sans dire qu'à aucune époque l'Eglise protestante n'a exercé une puissance politique relativement aussi considérable que l'Eglise catholique l'a fait, parce qu'elle ne peut pas lutter avec celle-ci sur le terrain de l'organisation. Sous ce rapport, elle ne signifie rien autre chose, en effet, que la destruction de la » merveille sociale «, qui prétend, comme Eglise catholique, être au-dessus des organismes naturels du monde morale. Là où les idées de réforme purent librement se constituer en Eglise, — en Allemagne, en Angleterre et en Suisse — on voit surgir des Eglises d'Etat et de provinces, dont l'influence doit forcément être moindre que celle d'une Eglise internationale. Et puis, l'Etat a réalisé la plupart des idées de la Réformation, tandis que l'Eglise n'a pas été à même d'établir un nouvel idéal; disons plus: à cette heure, l'Eglise a plutôt rétrogradé devant les dernières conséquences du lutheranisme, qu'elle n'a fait progresser cette doctrine.

L'application de la Réformation à l'Etat, c'est à dire l'adoption par la nation allemande des idées de réforme religieuse, a été, il est vrai, un rude coup porté à l'Eglise catholique et au Pape, car la grande idée religieuse de l'autorité s'est vue, par là, réalisée politiquement dans le sens de la Réforme. Mais cela a été plutôt une défaite de principe qu'une défaite effective, car bien que la doctrine catholique identifie la religion et l'Eglise, elle emploie cependant, elle aussi, les idées religieuses de la liberté et de l'autorité, pour éveiller l'esprit chrétien dans le coeur humain. L'essentiel est que cet esprit soit éveillé, et il n'importe guère que ce résultat soit obtenu par l'autorité catholique hétéronome, ou par l'autorité évangélique autonome. Par conséquent, plus ces deux confessions perdent de leur influence politique, plus le contraste formel cesse, pour elles, d'être une source de rivalité dans l'Etat; elles finissent même par s'accorder, en ce qui concerne leurs efforts politiques et sociaux, sur le terrain commun du Christianisme.

Pour s'en assurer, il suffit d'observer avec impartialité les forces religieuses et morales qui exercent une influence décisive sur la vie populaire moderne. Ce qui contribue à inspirer aux Eglises le désir de résoudre des problèmes sociaux, c'est leur impuissance politique. Aujourd'hui, catholiques et protestants travaillent souvent en commun à chercher la solution de questions sociales.

L'idéal de l'homme éminent qui avait nom Nicolas Cusanus (» corpus mysticum cujus caput est Christus «) se réalisera, mais il prendra, cela est incontestable, une forme différente de celle qu'avait rêvée Cusanus, il y a près de 500 ans. En effet, l'Etat, et précisément l'Etat protestant, n'est-il pas revenu depuis longtemps de la voie détournée et étroite du rationalisme? Ce dernier n'est-il pas la négation absolue du principe moderne, basé sur la Réformation? N'est-ce pas l'Etat qui déclare hautement et solennellement que son devoir est de faire du » Christianisme pratique «? N'est-ce pas l'Eglise qui combat énergiquement, surtout dans ces derniers temps. les ennemis de l'Etat: l'athéisme, le matérialisme, la révolution et l'anarchie? Il est de fait que l'Etat et l'Eglise se sont rapprochés, et que ce rapprochement s'est opéré à un moment où il semblait incroyable, à cause de l'impuissance politique de l'Eglise. Tous deux, ils luttent contre les plaies sociales; tous deux ils se préoccupent du sort de la classe ouvrière; tous deux ils élèvent la voix contre la morale relâchée et sans miséricorde, contre l'athéisme et l'orgueil effréné du tiers Etat, aujourd'hui au pouvoir.

Et pourtant, l'Eglise catholique ne peut obtenir qu'un m o d u s v i v e n d i, dans un Etat où le protestantisme est prépondérant, car si on lui accordait toute la liberté et tous les droits qu'elle réclame et qu'elle d o i t réclamer, étant donné son point de vue, l'indépendance du royaume et celle du protestantisme seraient anéanties. Mais, d'autre part, si l'on ne veut rien tolérer de ce qui peut compromettre la coexistence de l'Eglise évangélique, on supprime, par là, l'Eglise catholique. Pour éviter ces écueils, il ne faut pas agir d'après un p r i n c i p e, mais il est nécessaire de courir à un compromis juste et sage. Il convient donc d'accorder à l'Eglise catholique la liberté la plus large, d'après ce principe : » fais ce que dois, advienne que pourra, « et dans l'espoir que ses bienfaits chrétiens compenseront les inconvénients de ses aspirations hiérarchiques. (Voyez l'ouvrage de Fr. Jul. Stahl, » Der Protestantismus, « Berlin, 1853.) — La Curie elle-même ne peut pas arriver à une autre conclusion. Il faut qu'elle se dise: » Dieu a permis que le principe du protestantisme prenne une forme politique. « — Cela n'empêche, d'ailleurs, en rien l'Eglise catholique de travailler à l'accomplissement de sa mission.

Mais il se peut que, les circonstances se modifiant, un autre modus vivendi puisse être établi entre l'Eglise et l'Etat. Ainsi, dans le cas où les événements créeraient une situation politique ressemblant à celle qui a existé sous Charlemagne, la hiérarchie catholique pourrait se voir réintégrée dans la position qu'elle occupait alors.

III.

L'époque où un Pape (Boniface VIII) avait le pouvoir de chasser de Rome toute une race (les Colonna); de faire monter sur le trône royal de Hongrie le prince Robert; de donner le titre de roi au duc de Pologne Przemysl; de donner la Corse et la Sardaigne en fiefs au roi Jacques d'Aragon; de contraindre, par un seul mot, les rois de France et d'Angleterre à faire la paix, et de faire de la couronne d'Allemagne un fief papal, cette époque de puissance politique du successeur de Saint-Pierre est passée. Jean Janssen lui-même, l'avocat courtisan du catholicisme, dans la controverse de la Réformation, ne se refuse pas à le reconnaître. * Deux causes surtout ont amené ce revirement: la réalisation politique et sociale des idées chrétiennes de liberté et d'autorité, et le grand événement historique de la Réformation.

---

* Dans son livre » Ein zweites Wort an meine Kritiker «, Fribourg, 1883, Johannes Janssen dit (Page 143) que » le droit des gens, la situation de l'Europe tout entière et la position du Pape s'étaient transformés. « Pie IX déclare » que personne, moins que lui, ne songe à faire usage du droit de détrôner les rois, et il dit que c'est faire preuve de méchanceté et de frivolité que de confondre des époques et des choses si différentes «. — — Théobald Edelblut, dans son ouvrage: » Die Herrschaft des Papstes «, Würzbourg, 1877, dit, à la page 27: » L'état actuel est l'impuissance absolue du Saint-Siége en matières séculières «.

L'importance durable de la Réformation, même pour l'Eglise catholique, ne saurait être réduite au néant par les côtés mesquins, grotesques ou même vicieux de certains réformateurs; en mettant ces côtés-là en relief et en s'en servant pour composer un tableau fantaisiste, on fait œuvre de polémiste, mais on ne prouve rien. Les idées morales dominent l'histoire universelle, et quiconque a lancé de ces idées-là dans le monde, qu'il ait été Pape ou Moine, reste une grande figure historique, même lorsque sa vie privée n'a pas été sans reproches. C'est pourquoi aucun peuple civilisé n'a pu se soustraire aux idées chrétiennes (catholiques et protestantes): ces idées ont pris corps peu à peu: elles ont trouvé leur expression dans des décrets, dans des lois, dans l'administration, dans la constitution des Etats.

Chaque idée nouvelle germe et éclot dans le cerveau d'un individu; elle est triturée par un grand nombre d'intelligences, avant de prendre corps dans l'un ou l'autre des domaines des connaissances humaines. Voyez le monachisme, la chevalerie, la Réformation, les corps de métiers, la littérature, l'Etat tour à tour agricole, manufacturier, parlementaire et social. Le travail des plus nobles et des meilleurs individus d'une nation recueille tout ce que l'esprit de l'époque contient de durable et de précieux, et lui prête un corps en le moulant dans la forme des lois. L'idée, ainsi condensée, influe de nouveau sur les masses, qui s'en emparent, et qui lui obéissent d'abord sans la soumettre à l'examen de la critique. La chaleur de la nouvelle idée fait éclore une nouvelle société, qui crée, à son tour, un nouvel ordre social et de nouvelles lois. C'est ainsi que s'est formé l'Etat moderne. Sa base morale n'a pas été jetée par les incrédules et par les athées, mais bien par l'Eglise chrétienne.

Pour s'en assurer, on n'a qu'à jeter un coup d'œil sur la

Turquie et sur les provinces qui lui ont été soumises, durant long-temps, ainsi que sur tous les pays, en général, où nos lois constitutionnelles et autres ont été copiées à la lettre, sans que l'on ait pénétré dans leur esprit. Pour les Turcs nos lois sont lettre morte, et restent des formules vides de sens, un grimoire inintelligible. Ces hommes ne conçoivent pas pourquoi il leur serait interdit de considérer l'Etat comme une vache à lait lorsqu'ils sont parvenus à de hautes fonctions; ils ne conçoivent pas pourquoi ils agiraient mal en usant de leur influence pour enrichir leurs créatures et pour persécuter leurs ennemis, et ils croient user d'un droit en flattant leur maître ou en formant une conjuration contre lui, selon les circonstances et leur intérêt.

Et même chez les peuples chrétiens imparfaitement civilisés, tels que les Russes, les Bulgares, la moyenne de la population ne pratique guère les vertus si précieuses de la véracité, de l'abnégation, du respect du devoir. Si l'on vient nous dire qu'au fond, les peuples civilisés sont tout aussi menteurs, tout aussi avides et de mœurs aussi brutales que ceux dont nous venons de parler, nous répondons qu'une telle appréciation dénote un examen superficiel de situations psychologiques qui se ressemblent, à première vue, mais qui, en réalité, diffèrent essentiellement les unes des autres. Le sang des martyrs de l'Eglise n'a pas coulé en vain, pour notre peuple. La renonciation et l'obéissance passive des religieux n'ont pas été perdues, car elles ont été autre chose qu'une duperie. La fidélité chevaleresque, le dévouement sans bornes à l'honneur, au roi et aux dames n'ont pas été pratiqués en vain durant des siècles. La discipline morale du régime religieux durant dix siècles a encore eu un autre but que la domination hiérarchique. La liberté évangélique a produit des fruits exquis. Et l'on voudrait que l'Etat, sorti du sang de l'Eglise, qui l'a conçu dans les douleurs, fût son ennemi? Mais il n'est pas autre chose que l'Eglise, devenue homme, devenue citoyen!

*   *   *

Ajoutons que c'est une grave erreur de croire que l'Eglise catholique n'a pas progressé, et qu'elle n'a plus la force de se développer. Le » non possumus « n'est nullement identique avec une volonté obstinée de ne rien produire et de ne faire aucun progrès. Le savant anglais Mallock estime que l'Eglise catholique est un organisme vivant, qui se développe constamment, dirigeant ses organes du toucher de façon à attirer à lui et à absorber tous les germes vitaux de l'atmosphère intellectuelle du siècle.

» L'Eglise catholique «, dit Mallock, » puise, avec une sorte d'intuition surnaturelle, dans la source toujours vivace du travail intellectuel humain, tout ce qui lui paraît utile pour le moment ou même pour l'avenir. Il est absolument certain qu'un jour viendra où les conciles mentionneront et citeront, dans leurs décrets, les oeuvres des Strauss, des Bruno Bauer et des Renan. Si nos philologues les plus incrédules pouvaient renaître, dans cent ans d'ici, ils retrouveraient certainement, dans les modifications introduites dans les lois et dans les définitions de l'Eglise, des traces de leurs propres découvertes, et ils verraient, sur le catholicisme transformé, le sceau de leurs propres recherches «.

Mallock n'a pas tout à fait tort. Personne ne sait aussi bien que l'Eglise catholique s'expliquer les faits immuables de

l'histoire comme étant des voies de Dieu, et compter avec eux.*
Elle est un exemple de la force du principe conservateur, toujours victorieux grâce à des compromis continuels.

» L'ancien édifice subsiste, dans ses parties essentielles, mais cependant il se transforme sans cesse, fragment par fragment. L'Eglise s'oriente dans toutes les situations, entame des négociations avec tous les gouvernements qu'elle considère comme hérétiques, cède sur mille points et dans mille questions, et reste pourtant toujours la même. Personne, dans certains cas, ne peut-être plus libéral qu'elle l'est, et pourtant, personne, en général, n'est plus conservateur qu'elle. La force de cette Eglise réside dans la patience, basée sur la foi, patience qui propter duritiam cordis lui permet de faire, à l'occasion, des concessions sur des questions de forme, tout en restant fidèlement attachée au principe «.**

S'il en est ainsi, pourquoi ne serait-il pas permis d'espérer que la » concordantia catholica « rêvée par Cusanus*** se réalise sous une forme moderne?

*　　*　　*

---

* L'ouvrage de Johannes Janssen, » Geschichte des deutschen Volkes «, (» Histoire du peuple allemand «), tome III, est un exemple de compromis conservateur entre la doctrine et les faits réels. D'un bout à l'autre l'auteur fait montre de la plus grande tolérance, tout en maintenant obstinément le principe conservateur. — Voyez également ses ouvrages » Ein Wort an meine Kritiker « et » Ein zweites Wort an meine Kritiker «, Pages 143 et 144.

** R. Meyer, » Heimstättengesetze «, Hermann Bahr, Berlin, 1883. Pages 25 et 26 de l'avant-propos.

*** Falckenberg, » Grundzüge der Philosophie des Nic. Cusanus «. Breslau, 1880. — F. A. Scharpff, » Des Nicolaus von Cues wichtigste Schriften. Uebersetzt «. Fribourg, 1862 et Tuebingen, 1871. — J. Martin Düx, » Der deutsche Cardinal Nicolaus von Cues «. Ratisbonne, 1847.

A l'époque de Charlemagne, l'État, alors encore presque entièrement païen, du grand Carlovingien prêtait son appui à l'Eglise, et réalisait ses idées chrétiennes. Pourquoi l'Etat chrétien n'en ferait-il pas autant? Il est vrai que les anciennes formes du modus vivendi entre l'Etat et l'Eglise ne sont plus applicables, parce que, de part et d'autre, la situation et la mission civilisatrice se sont entièrement modifiées. L'Etat moderne a accompli la plupart des tâches idéales que l'Eglise avait prescrites au neuvième siècle. Sous ce rapport, l'Eglise a effectivement perdu toute influence. Mais, cependant, elle n'est pas subordonnée à l'Etat, car elle prétend toujours, en principe, être la source idéale des lois des Etats.*

Et c'est là une prétention justifiée, car, comme dirait Hegel, l'idéalisme de l'Eglise est immanent dans tous les résultats pratiques obtenus par l'Etat. D'ailleurs, l'oeuvre idéale de l'Eglise est incommensurable.

Mais ce n'est pas encore là tout, et l'Eglise va encore avoir de nouvelles tâches à accomplir. Une nouvelle époque commence, au cours de laquelle les anciens adversaires deviendront des amis sincères. La situation politique et sociale par trop

---

* Ainsi, dans l'Encyclique du 8 décembre 1864, le Pape affirme, avec raison, que, d'après la loi divine, la puissance de l'Eglise est indépendante de la force séculière. Les adversaires de l'Eglise en concluent, à tort, que l'Eglise usurpe les droits essentiels des gouvernements. Le journal parisien « La France » comprend mal l'Encyclique, en y voyant l'asservissement du pouvoir positif de l'Etat, et en demandant pourquoi le Pape permet aux évêques de prêter serment à la Constitution. Le clergé français, en effet, a toujours défendu énergiquement les droits du roi, chaque fois que la hiérarchie a tenté d'empiéter sur eux. En 1682, Bossuet a rédigé une déclaration, qu'une ordonnance a transformée en loi, qui a été confirmée en 1810, que 74 évêques et prélats ont encore signée, en 1826, et dans laquelle se trouve le passage suivant: » Nous, cardinaux, archevêques et évêques soussignés, déclarons être fidèlement attachés à la doctrine des droits des souverains, de la complète indépendance de ceux-ci, dans l'ordre séculier, de toute puissance religieuse «.

puissante de l'Eglise du moyen-âge portait en elle, dès le début, le germe de la mauvaise intelligence entre l'Eglise et l'Etat. Aujourd'hui il n'en est plus ainsi, bien que l'antique hérésie de la toute-puissance de l'Etat puisse faire renaître la discorde. Il est cependant plus probable que l'égale distribution actuelle de l'influence vaincra toutes les velléités de suprématie et fera comprendre aux deux parties qu'elles ont besoin l'une de l'autre, qu'elles sont solidaires. Or du moment que l'Etat et l'Eglise marcheront, en amis, la main dans la main, la tâche de l'Etat élargira sa sphère et deviendra une tâche sociale. Le quatrième Etat ne peut se substituer au tiers Etat qu'à condition de donner naissance à une forme de la morale plus parfaite que l'humanisme de la classe dirigeante d'aujourd'hui. L'Etat et l'Eglise ont un grand intérêt à travailler à cette œuvre commune, car la théorie selon laquelle la dynamite, le meurtre et la révolution seraient des moyens capables d'amener un nouvel Etat social légal, menace l'Etat et l'Eglise dans leur base et se trouve en contradiction avec leur principe conservateur.

Chaque innovation commence par la lutte contre ce qui existe. La victoire absolue, c'est à dire la destruction de l'adversaire, n'est nullement désirable, car cette destruction est la révolution, et celle-ci balaye sans discernement ce qu'il y a de bon avec ce qu'il y a de mauvais. Si, au contraire, la cause conservatrice l'emporte partiellement, elle n'en sort pas moins de la lutte considérablement modifiée. La situation est changée. Ces résultats sont obtenus par les compromis, lesquels ne sont pas la conséquence de la Révolution, mais celle de la Réforme: un compromis entre l'Eglise et l'Etat ne peut avoir de durée qu'à condition que les deux parties contractantes y contribuent sérieusement. Sous ce rapport, l'Eglise et l'Etat en

Allemagne ont, tous deux, commis de très-grandes fautes: l'Etat, en faisant le » Culturkampf «; l'Eglise, en s'isolant volontairement. Autrefois, elle s'appuyait toujours sur une grande puissance séculière, mais à présent elle manifeste une méfiance déraisonnable à l'égard de l'empire allemand, qui est la puissance la plus moderne et la plus formidable. Il y a quelques années encore, le Pape appelait la France, maudite aujourd'hui par l'Eglise, » sa fille aînée «; Pie IX a envoyé la rose de vertu à la Reine d'Espagne; il a conclu des concordats avantageux avec l'Autriche, la Bavière, le Hanovre, la Russie et les Pays-Bas, et la Prusse protestante était un appui sur lequel l'Eglise pouvait compter. Aujourd'hui, la situation est tout autre. La France a expulsé les Jésuites, supprimé les couvents; elle a introduit dans les écoles l'enseignement laïque, persécuté les évêques, fusillé des archevêques; le gouvernement italien est considéré, par le Vatican lui-même, comme le pire ennemi de l'Eglise; l'Espagne est indifférente et sans grande influence; l'Angleterre est l'ennemie de Rome; la Russie ne peut guère entrer en ligne de compte, à cause de son hérésie; l'Amérique est trop éloignée pour avoir de l'importance; l'Allemagne est indisposée contre Rome, et l'Autriche est forcée de marcher avec ses alliés. Ajoutez à cela l'incrédulité moderne, l'absence d'autorité et le demi-savoir. La dépouille mortelle du souverain Pontife n'a-t-elle pas été insultée et profanée par la populace de Rome. Et cela en temps de paix, par conséquent sans que cet acte ait eu pour excuse l'effervescence, la surexcitation qui règne aux époques troublées par les guerres ou par les discordes civiles.

Aucune Eglise n'a autant besoin que l'Eglise catholique de l'appui énergique d'un Etat séculier. L'Eglise protestante peut être morcelée sans perdre pour cela ses avantages essentiels. Rome, au contraire, représente aux yeux du croyant, la communauté catholique de l'Eglise, qui lui prescrit ce qu'il doit faire pour obtenir son salut. La devise de l'Eglise catholique n'est pas: » Autonomie «, mais bien » soumission à l'autorité «. C'est pourquoi le catholicisme a absolument besoin du déploiement de forces séculières imposantes et de l'appui de l'Etat. Or parmi toutes les grandes puissances modernes, il n'en est pas une seule qui soit, plus que l'Allemagne, apte à protéger l'Eglise catholique, l'Allemagne, dont l'Empereur a déclaré solennellement que les efforts de son gouvernement tendent à la réalisation du » christianisme pratique «.

L'Allemagne et l'Autriche, avec leurs alliés, sont les soutiens séculiers naturels offerts par l'histoire à l'Eglise catholique, comme à toute autre Eglise viable. Mais au lieu d'aller au-devant des forces politiques qui se développent dans l'Europe centrale, l'Eglise suit la France, espère une restauration monarchique dans ce pays et rêve au rétablissement d'une autorité universelle par l'union du latinisme et de la catholicité. Et pourtant, dans les pays de la fédération austro-allemande, c'est l'élément catholique qui domine. Que l'Eglise le veuille ou qu'elle ne le veuille pas, il faut qu'elle compte avec ce puissant agent de puissance séculière. Si elle trouve un modus vivendi avec les temps modernes et si elle fait sa paix avec l'Etat actuel, elle sera à même, sous la protection des deux grands empires de l'Europe centrale, de distribuer les bienfaits de la religion aux catholiques, et de faire respecter, jusque dans les temps les plus reculés, l'autorité de son chef.

*   *   *

Outre le besoin général qu'a chaque Etat de voir l'autorité de l'Eglise maintenue, il existe encore pour l'Allemagne, et surtout pour l'Autriche, un intérêt tout particulier, un intérêt politique, qui relie l'empire d'Autriche au Pape catholique romain. Que le lecteur se rappelle ce que nous avons dit de l'alliance politique de Charlemagne et de la Papauté, au commencement du moyen-âge. Eh! bien, la situation dans l'Etat fédératif slave, qui se constituera, en Autriche et sur la presqu'île des Balkans, sous l'hégémonie de la maison impériale de Habsbourg, cette situation ressemble beaucoup à celle qui existait dans l'ancien royaume franc des Carlovingiens.

Depuis que l'Autriche a cessé de faire partie de la Confédération germanique, elle ne peut plus faire de politique exclusivement allemande, sans abdiquer comme grande puissance indépendante, et sans travailler pour le roi de Prusse. Il ne peut pas davantage être question de la domination de la nationalité allemande en Autriche sur les autres nationalités, non plus que de l'opposé. Il faut, au contraire, que tous les particularismes qui composent la monarchie s'habituent à se considérer comme jouissant chacun des mêmes droits que l'autre, sous la protection de l'aigle autrichienne. Cela ne signifie pas la décadence de l'Autriche, mais cela annonce simplement le commencement d'une ère nouvelle: la fondation d'un nouvel » empire de l'Est «, qui rattachera l'antique empire danubien aux traditions les plus brillantes de son histoire; aux temps où les armées impériales anéantirent la puissance militaire turque dans de glorieuses batailles. et où l'Autriche semblait vouloir subjuguer à elle seule, sans secours étranger, tout le territoire des Balkans.

C'est l'Autriche, et non pas la Russie, qui est l'Etat civilisateur de la presqu'île des Balkans et de la Turquie d'Europe, parce qu'aujourd'hui déjà, la civilisation y est au-dessus du niveau de la culture moyenne des provinces russes. L'Autriche, qui n'était pas capable de former, de la civilisation occidentale qu'elle recèlait dans son sein, un empire germanique unitaire, semble incontestablement plus apte que la Russie, centraliste et autocratique, à former un Etat fédératif. Mais l'hégémonie de l'empereur d'Autriche sur les Allemands d'Autriche, les Hongrois, les Tchèques, etc., les Polonais, les Ruthènes, les Roumains, les Bulgares, les Grecs et les Turcs, n'est possible qu'à la condition que les droits existants des différentes nationalités et des divers souverains ne soient pas violés. La Russie menacerait l'autonomie de ces Etats, l'Autriche ne la menace pas. Dès aujourd'hui, tous les peuples des Balkans tournent leurs regards vers l'Autriche, laquelle a effectivement obtenu, depuis le traité de Berlin, en 1878, une influence supérieure à celle exercée par toutes les autres nations, dans ces contrées, au point de vue stratégique, géographique et économique. Cette situation est comparable à celle des Francs en Allemagne, avant le traité de Verdun (843). — Mais le lien qui unissait les différentes races et les divers intérêts était un lien moral: c'était l'alliance du roi des Francs avec l'empire spirituel universel du Pape C'était en même temps une alliance politique, parce que l'unité de la croyance servait de ciment à l'unité de l'Etat. Pour l'Europe occidentale le Pape n'a certes plus d'importance comme allié politique, mais il en a encore pour l'Autriche, et cela d'autant plus que sur les 22 millions d'habitants autrichiens, 18 millions sont catholiques romains. — L'empire slave de l'Est, que formera dorénavant l'empire d'Autriche, en majeure partie avec ses propres Slaves et ceux de la Turquie d'Europe, doit différer par sa base de l'empire slave de Russie, car autrément l'Autriche travaillerait pour le panslavisme russe, qu'il doit, au contraire, endiguer. C'est la religion qui doit faire cette différence: ici, l'empire slave catholique romain; là, l'empire slave greco-russe!

Si toute la propagande de l'Eglise romaine prend fait et cause pour ces idées politiques, qui sont en même temps des idées hiérarchiques, comme elle a pris fait et cause pour des idées analogues, à l'époque des Carlovingiens, l'Eglise verra s'ouvrir devant elle une nouvelle et vaste sphère, et il va sans dire qu'elle acquerra alors, dans l'Etat slave autrichien, une situation bien plus influente que partout ailleurs en Europe. L'alliance avec le Pape romain est plus indispensable à l'Autriche qu'à tout autre Etat. Que l'on parle, à l'avenir, de l'Italie artiste, de l'Espagne autoritaire, de la France rationaliste, de l'Angleterre réaliste, de l'Allemagne historique, de la Russie autocratique, mais qu'en citant l'Autriche, on ne néglige pas de la qualifier d'empire catholique romain.

Il n'est pas nécessaire de démontrer que l'Eglise romaine est supérieure à l'Eglise grecque des Balkans, laquelle, dans une confédération décentralisée, sera pour ainsi dire livrée sans défense à l'organisation unitaire de l'Eglise romaine. Du reste, les peuples latins-slaves de la presqu'île des Balkans ont beaucoup de sympathie pour Rome, bien qu'il n'y ait, dans toute la presqu'île, qu'environ un million de catholiques romains, épars dans tout le pays. Mais la hiérarchie romaine a repris pied en Bosnie et en Herzégovine; elle ne rencontrera que peu de résistance en Roumanie; en Bulgarie, le mouvement fait, dès à présent, des progrès rapides. On y a compté, dans ces derniers temps, 15.000 conversions à la religion catholique; les pères Résurrectionistes y fonderont prochainement un collége catholique.

On conçoit que le gouvernement autrichien ait le plus grand intérêt politique à encourager de tout son pouvoir cette propagande catholique.

Mais cela ne suffit pas : il ne s'agit pas, ici, de sentiments passagers, mais de principes politiques fondamentaux. Il faut que l'Autriche devienne la protectrice de l'Eglise catholique en Orient, comme l'empire du grand Carlovingien a été le protecteur de l'Eglise en Occident. Mais ce qui a une importance politique fondamentale pour l'Autriche regarde aussi l'Allemagne, étroitement liée à la monarchie autrichienne.

*　　*　　*

Si l'on admet la dissertation qui précède, il est désormais impossible de nier, en principe, que le rétablissement du pouvoir temporel du Pape et l'augmentation de la splendeur et de la puissance de l'Eglise romaine ne soient devenus une nécessité politique pour l'avenir de l'Autriche.

Nous disons en principe, parce que la situation est devenue telle, en Italie, qu'il n'est guère possible de penser au rétablissement des Etats de l'Eglise dans ce pays-là. Même les droits acquis les plus sacrés ne peuvent pas résister à la volonté d'une nation tout entière. Par contre, le pouvoir transforme peu à peu l'usurpation en possession légitime. Le principe, moderne et juste en lui-même, des nationalités a créé l'Etat italien uni, et bien que ce principe n'ait pas pu détruire celui qui donne au Pape le droit de posséder un pouvoir temporel, il a, cependant, détruit effectivement la souveraineté du Pape. Léon XIII n'est plus souverain à Rome. L'indépendance et le respect que le pontifex maximus de l'Eglise doit absolument exiger pour sa haute situation, et qui lui sont accordés par tous les étrangers, provoquent, chez l'Italien, un conflit entre le coeur et le patriotisme. — L'Italien ne refuse pas au Pape, chef de l'Eglise, les témoignages extérieurs de respect, mais il les refuse au Pape, prince temporel, qui proteste contre l'unité de l'Italie. En présence de ce conflit, le Pape se retire, prisonnier volontaire, dans les appartements et dans les jardins du Vatican. Il ne veut pas fournir de prétexte au manque de respect et aux insultes de la population. Un tel état de choses est incompatible avec la dignité du chef apostolique de l'Eglise, et il n'est guère probable que la situation se modifie, sous ce rapport, en Italie.

Le Pape lui-même, ses serviteurs ecclésiastiques et tous les chrétiens catholiques le sentent bien et en éprouvent une douleur profonde, car, comme nous l'avons déjà dit, l'Eglise et le catholicisme ont absolument besoin d'être entourés de respect, pour rester fidèles à leur idéal et pour accomplir leur mission tout entière. Ce n'est pas seulement la hiérarchie qui a besoin de considération, ce sont aussi les fidèles, c'est aussi le successeur de Saint-Pierre, lequel a le devoir sacré de veiller à ce que l'Eglise soit honorée. Le conflit des devoirs, dans lequel se trouve actuellement Léon XIII, a un côté tragique saisissant. Il faut, d'une part, qu'il maintienne le droit et le patrimoine de Saint-Pierre, qui lui ont été confiés; d'autre part, il lui faut tenir compte des faits accomplis, en Italie, et trouver un modus vivendi, un compromis, satisfaisant les deux exigences.

Ce n'est pas la première fois que l'on admet la possibilité de changer le siége de la Papauté. Depuis le 20 septembre 1870, jour où les Piémontais se sont emparés de Rome, Pie IX avait sérieusement manifesté l'intention de quitter la ville sainte. Lorsque la situation empira encore, en 1872, l'Autriche proposa au souverain Pontife de se réfugier à Brixen ou à Innsbruck. Le Pape avait même déjà pris toutes ses mesures pour aller s'installer à Brixen. On travaillait, jour et nuit aux préparatifs du départ, et un bateau à vapeur attendait, en rade de Civita Vecchia. Le mobilier de la cabine était déjà terminé. Le Pape devait partir de la gare de St. Paul, accompagné par un de ses intimes seulement.

Plus récemment encore, l'Angleterre a fait offrir au Pape l'île de Malte, par le cardinal Howard; l'Autriche lui a proposé Trieste, et l'Allemagne a mis l'abbaye de Fulda à sa disposition.

Mais le souverain Pontife ne quittera Rome volontairement que lorsqu'il lui aura été offert entière compensation pour tout ce qu'il a perdu dans la ville aux sept collines.

*   *   *

Nous avons déjà acquis la conviction que chaque Etat a intérêt à prendre sous sa protection l'autorité de l'Eglise catholique et le pouvoir temporel du Pape, cela en considération des bienfaits indirects de la Religion. A plus forte raison l'Autriche et l'Allemagne ont-elles le devoir et la mission de sauvegarder l'autorité de l'Eglise catholique, car l'alliance avec le souverain Pontife offre à ces pays de grands avantages politiques directs.

Nous avons déjà démontré que l'Eglise subit, extérieurement, des transformations continuelles. Le pouvoir temporel que les Allemands lui ont offert et qu'elle a conservé durant dix siècles, est une des choses soumises à ces changements. Il est possible que les Allemands assignent au Pape, pour une nouvelle période de mille ans, un nouveau siége souverain, le Saint-Père ne pouvant plus séjourner longtemps à Rome, étant donné l'état de choses actuel, sans compromettre sa dignité. Il va sans dire que l'Eglise seule a le droit de prendre une décision, dans cette question. Il faudra qu'elle examine: si la présence du Pape à Rome sans autorité souveraine n'est pas un plus grand malheur pour sa liberté que ne le serait l'établissement du pouvoir temporel et de l'indépendance du Saint-Père dans un autre endroit. C'est surtout de l'indépendance qu'il s'agit, ici, car c'est à cause d'elle, et non pas dans le but de créer un Etat-modèle, que les Etats Pontificaux ont été créés jadis. La perte de cette indépendance ou sa mise en tutelle par une nation quelconque, comme autrefois à Avignon, aurait pour conséquence la décadence rapide, dans tous les Etats, de l'autorité de l'Eglise catholique. La situation des catholiques romains serait plus compromise encore que ne l'est aujourd'hui celle des catholiques grecs, parce que ceux-ci appartiennent pour la plupart à une grande nationalité, à la nationalité russe.* La situation souveraine du Pape, planant bien haut au-dessus des différentes nations catholiques, est un élément essentiel du dogme et une expression visible de l'idée unitaire catholique. Le Pape doit être un souverain temporel, non pas pour régner, mais pour sauvegarder son indépendance et sa dignité.

Quiconque veut le limiter à son autorité spirituelle, et en faire une sorte de patriarche de Moscou, interprète mal la doctrine catholique romaine. Cette doctrine est internationale, tandis que la doctrine grecque est nationale. Il existe encore bien d'autres contrastes entre les Eglises chrétiennes de l'Occident,

---

* Voyez l'ouvrage de Frédéric von der Garben: » Die geistliche Universal-monarchie «. Munich, 1861. Page 13.

catholiques et évangéliques, et l'Eglise russe. Le principe chrétien exige que la liberté politique de l'individu ait son apogée dans sa liberté religieuse, et que celle-ci soit garantie par l'indépendance de l'Eglise. Cette liberté-là est un principe civilisateur d'une puissance irrésistible. En Russie, au contraire le principe national domine le principe religieux, parce que, dans ce pays-là, l'empereur est, en même temps, le chef de l'Eglise.* La plus belle conquête de la civilisation germanique, l'autonomie morale, la spontanéité, se manifeste dans l'Eglise catholique romaine par l'indépendance du Pape souverain.

A la fin du congrès de Berlin, nous avions déjà parlé, dans la presse, d'abord, puis dans un ouvrage spécial**, de la fondation future d'un nouvel empire d'Orient byzantin dans la presqu'île des Balkans et dans la Turquie d'Europe, par l'empire d'Autriche. Nous disons, à la fin de ce travail :

» Il est impossible de dire à l'avance quelle sera la capitale » du nouvel empire byzantin, Adrianople ou une urbs nova » quelconque. Mais on a lieu de croire, à cause de la collision » d'intérêts multiples et de la situation dominante, que Constan- » tinople ne sera pas cette capitale. Il est probable que Con- » stantinople deviendra, après le règne des Ottomans, une ville » libre internationale et neutre. «

* * *

* Voyez l'ouvrage de C. L. Fiquelmont: » Ueber die religiöse Seite der orientalischen Frage «.

** » Die Balkanhabinsel 1877—78 «, par Kuno Stommel, Berlin, 1878. Behr, éditeur. Page 278. Voyez aussi le journal » Grenzboten «. II. 1880. Page 243.

La seconde ville éternelle, laquelle est élevée, comme sa soeur aînée, sur sept collines, — Roma Nova — tel était, en effet, le nom sous lequel l'empereur Constantin a élevé, le 11 mai 330, Byzance au rang de capitale de son empire — occupe une situation exceptionnelle parmi toutes les villes de l'Europe. Ni l'Autriche, ni la Russie ne pourront jamais consentir à ce que l'un de ces deux Etats s'empare tout à fait de Constantinople. De même que les empereurs allemands ont gaspillé inutilement leurs forces et leur or dans les expéditions romaines, de même aujourd'hui, la Russie, aveuglée, s'efforce vainement de parvenir à dominer Constantinople et la Turquie d'Europe. Nous savons, en effet, qu'ici l'avenir appartient à l'empire d'Autriche. Mais lors même que la Russie se détournerait de l'Europe et se dirigerait vers le véritable théâtre de sa politique de conquête, c'est à dire vers l'Asie (ce qu'elle fera sans doute peu à peu), elle ne pourrait cependant jamais permettre à l'Autriche d'occuper Constantinople. Mais ce n'est pas seulement pour l'Autriche et pour la Russie que Constantinople signifie la guerre, c'est, proportions gardées, pour chacune des grandes puissances européennes. Aussi longtemps, en effet, que la question de la propriété de la » reine des mers « ne sera pas définitivement tranchée, une guerre européenne sera à craindre. Ne semble-t-il pas que la Providence ait créé cette situation, qu'elle ait produit ces complications, qu'elle y ait intéressé le monde civilisé tout entier et qu'elle y ait enfin ajouté la solution satisfaisant toutes les parties; ne semble-t-il pas qu'elle ait fait tout cela afin de pouvoir désigner clairement, devant toute l'Europe, le seul homme qu'une tradition de quinzecents ans relie au fondateur de la » nouvelle Rome «, et pour lequel la destinée elle-même semble avoir préparé une résidence royale sur la limite de deux parties du monde?

Ce qu'a prédit Joseph de Maistre se réalisera alors: » Le Pape dira la messe à Sainte-Sophie «.*

Les mêmes considérations politiques qui ont conduit le roi des Francs à faire don à ses alliés de l'Etat pontifical, que lui-même il n'eût pas pu conserver longtemps, ces mêmes considérations amèneront l'empereur du nouvel empire byzantin à abandonner à la souveraineté de son allié, le Pape, Constantinople, qu'il ne pourrait pas réclamer pour lui-même. Que l'on ne nous accuse pas, ici, de nous livrer à des conjectures politiques se rapportant, à un avenir trop éloigné, reproche que nous ont adressé, à tort, les Allemands de l'Autriche, en 1878. La Papauté ne compte pas par années, ni par dizaines d'années, mais par siècles. Et qui sait ce qui arrivera dans dix ans d'ici!

Etroitement uni à l'Autriche et à l'Allemagne, le chef de l'Eglise n'a nullement besoin d'attendre le développement des événements, en Orient. Si son séjour à Rome devient absolument intolérable, l'Autriche pourra toujours lui offrir un asile honorable à Trieste. Mais à part cela, le seul fait d'un rapprochement entre le Pape et la grande puissance de l'Europe centrale suffira pour que Rome aussi se montre plus disposée à tenir compte des désirs du souverain Pontife.

*   *   *

Nous pourrions terminer ici, n'était la question de savoir quelle corrélation il y a entre ce programme et le prince de Bismarck, question qui nous suggère une courte observation.

---

* » Historische und politische Blaetter, « de Ph. et de G. Goerres. 1840. — » Mémoire pour le rétablissement de l'ordre des frères prêcheurs, « par le père Laccordaire.

Nous ferons abstraction, dans le cas présent, de la communauté des intérêts de l'Allemagne et de l'Autriche, son alliée, et nous ne nous occuperons que des rapports généraux qui existeront, dans l'avenir, entre l'Eglise et l'Etat, ainsi que des tâches législatives du présent. L'émancipation du quatrième Etat est le problème gouvernemental de l'avenir, problème dont la solution ne pourra avoir lieu définitivement que lorsque les masses populaires auront acquis, sous la bannière d'une nouvelle idée religieuse, la mesure de force morale nécessaire pour approfondir l'humanisme superficiel du tiers Etat, aujourd'hui au pouvoir. Dès lors, le quatrième Etat, comme jadis le tiers Etat depuis Philippe le Bel, en France, deviendra l'appui le plus solide du gouvernement. Sans la force morale, éthique, à laquelle nous venons de faire allusion, et qui inspirera aux masses un nouvel idéal, le socialisme restera toujours une fantaisie sans religion et, par conséquent, dangereuse pour l'Etat, et, de plus, ne menant à rien.

Dans l'une et dans l'autre de ces deux alternatives, l'Etat et l'Eglise catholique, qui sont les plus grandes puissances conservatrices, ont intérêt à se coaliser contre de nouvelles forces, dont les premières ont un caractère révolutionnaire. C'est précisément l'Eglise catholique qui a cela de commun avec l'Etat, qu'elle s'est efforcée de réaliser ses conquêtes idéales par des institutions visibles et théocratiques, — créant ainsi en quelque sorte un Etat dans l'Etat, — qui ont subsisté jusqu'au jour où l'Etat prussien s'est défait de l'influence de l'Eglise en réalisant un idéal supérieur. C'est pourquoi l'Allemagne peut, sans aucun danger pour ses intérêts politiques, non-seulement accorder à l'Eglise catholique une plus grande liberté que ne sauraient le faire les Etats catholiques eux-mêmes, mais aussi utiliser les institutions et les créations du catholicisme, afin d'empêcher, dans le sens conservateur, que le quatrième État ne se développe trop rapidement.

Si le quatrième État est appelé à présenter au monde un nouvel idéal éthique, qui fasse pâlir l'auréole de la morale moderne, assez faible. d'ailleurs, les concessions que l'État devrait faire à l'Église catholique, pour collaborer à l'oeuvre sociale perderaient peu à peu leur influence sur les masses de sorte que l'État, vis à vis de l'Église, n'aurait plus aucune raison de la craindre. Si, au contraire, le quatrième État n'a pas de véritable idéal à réaliser. l'idéal de la plus conservatrice, et, par conséquent. de la plus orthodoxe des Églises, vaut encore mieux qu'un idéal sans religion ou que l'absence totale d'idéal.

Le prince de Bismarck ne peut pas se refuser, avec sa mâle piété, sa perspicacité et son sens pratique, à reconnaître l'exactitude de l'aperçu général qui précède. En terminant, nous allons rechercher quel avantage politique direct le prince de Bismarck devra obtenir, s'il prête son concours à la Curie, pour le rétablissement du pouvoir temporel du Pape.

Chaque homme d'État considère certainement comme un but, digne que l'on s'efforce de l'atteindre, de ne pas laisser échapper l'occasion de former, à l'aide de la majorité des législateurs parlementaires, un parti gouvernemental compact, afin de réaliser constitutionnellement par ce parti toute une époque de nouvelle législation. Or cette occasion se présentera, dès que l'empire allemand aura trouvé moyen de réaliser une entente durable avec le catholicisme, sans compromettre les intérêts de l'État. Nous nous bornerons à démontrer par un seul exemple la haute importance d'une telle entente.

Les grands plans de politique sociale, tracés par le chancelier de l'empire d'Allemagne pour l'éducation du quatrième Etat et solennellement approuvés par l'empereur, nécessitent, pour leur complète réalisation, des ressources tout à fait exceptionnelles, qu'il est impossible de trouver dans les recettes courantes de l'Etat ou de l'Empire. Le monopole du tabac, qui a toujours produit les meilleurs résultats, et sans lequel l'Espagne, l'Italie et l'Autriche auraient, depuis longtemps, succombé à la banqueroute, n'a pas été adopté, en Allemagne, à cause de l'opposition que lui a faite le parti catholique du centre. Et cependant, cette loi est le seul moyen qui puisse mettre à la disposition de l'Etat les ressources matérielles nécessaires à des lois sociales d'une portée sérieuse. Il est un fait que la fraction catholique du Reichstag, d'ailleurs presque entièrement conservatrice, a craint de contribuer à la consolidation de l'empire; c'est pourquoi elle s'est attiré le surnom de » fraction hostile à l'empire «. Les lois de Mai et le » Culturkampf « ont ravivé chez les catholiques cette erreur qui date du moyen-âge et selon laquelle il doit exister une hostilité de parti pris entre l'Etat et l'Eglise. — Le centre est, en effet, beaucoup trop intelligent pour repousser une loi aussi importante que celle du monopole du tabac uniquement à cause de la doctrine libre-échangiste de » la pipe du pauvre homme « — et de la crainte mesquine de voir s'amoindrir son influence sur les exigences budgétaires du gouvernement. Non: la véritable raison pour laquelle le centre a combattu le monopole sur le tabac a été la crainte de la toute-puissance de l'Etat, crainte qui était peut-être excusable, étant données les circonstances au milieu desquelles elle se manifestait.

Mais dès que l'on aura compris, dans ces sphères, cette vérité inébranlable que l'Allemagne est, avec l'Autriche, la grande puissance désignée par l'histoire pour servir de protectrice à l'Eglise catholique, et que les hommes d'Etat allemands et autrichiens ont pour mission de réaliser le rêve de tout catholique, qui est le rétablissement du pouvoir temporel du Pape, alors l'empire d'Allemagne ne tardera pas à s'assurer qu'elle n'a pas de législateurs plus dévoués que les catholiques.

Une explication directe avec le chef de l'Eglise catholique, sur la base d'un nouveau programme, a plus de chance de succès que des pourparlers entre le gouvernement et le parti catholique allemand, parce que les partis politiques sont trop exaspérés, et parce que le gouvernement prussien a été amené peu à peu, à l'intérieur, à la limite des concessions qu'il peut faire, en principe, à la Curie. — Il fallait que le nom du prince de Bismarck fût prononcé ici, car un nouveau modus vivendi tel que celui dont il est question avec l'Eglise catholique ne pourrait pas être entrepris en Europe sans la volonté du chancelier. Mais on se tromperait absolument en croyant voir, dans la présente étude, autre chose que le modeste essai fait par l'auteur de trouver le moyen de concilier le droit et le pouvoir, entre lesquels un conflit a éclaté à propos d'une question très-importante pour l'Allemagne.

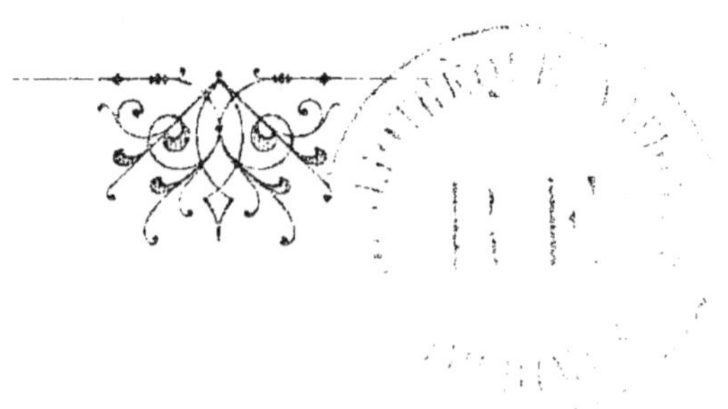

Impr. A. Bagel, Dusseldorf.